JN025932

シリーズ 大学の教授法　6

授業改善

佐藤浩章・栗田佳代子 編著

玉川大学出版部

「シリーズ 大学の教授法」刊行にあたって

「私は教授法を体系的に学んでいないので、授業には自信がありません」という大学教員の声をよく聞きます。確かに小学校や中学校の教員のように、教員になるための十分な教育を受けずに教壇に立つことが多いため、大学教員には授業に対する不安や苦労も多いのかもしれません。一方、大学教育改革を推進していくために、教員の教授法に対して寄せられる期待は近年ますます高まっています。

2008年に大学設置基準でFD(ファカルティ・ディベロップメント)が大学に対して義務化され、教授法を身につけるための教員向けの研修が増えてきました。しかし、教授法は研修によってのみ習得されるものではありません。もちろん研修にも一定の有効性はありますが、自らが学生や生徒として受けた教育の経験を振り返ったり、周りの教員による指導や助言を受けたり、教授法の書籍を読んだりすることなどからも身につけていくものです。

本シリーズは、大学における教授法の知識と技能を体系的に提示することで、よりよい授業をしたいと考える大学教員を支援しようとするものです。したがって、第一の読者として想定しているのは大学教員です。加えて、大学教員を目指す大学院生、各機関のFD担当者、教務部門の職員、大学教育研究者、さらに大学の管理職や大学以外の教育職に就いている人などにも役立つものであると考えています。

本シリーズを作成するにあたって、各巻の編者との間で執筆の指針として共有したことが3点あります。第一に、内容が実践に役立つことです。読んだ後に授業で試してみたいと思う具体的な内容をたくさん盛り込むよう留意しました。そのため、新任教員だけでなく、ある程度教育経験をもった教員にとっても役立つはずです。第二に、内容が体系的であることです。シリーズ全体において、教授法に関する重要な内容を整理してまとめました。第三に、内容が読みやすいことです。広い読者層を念頭に、できるだけわかりやすく書くことを心がけました。

本シリーズが幅広い読者に読まれ、読者のもつさまざまな教育課題を解決する一助となること、そして、その結果として日本の大学において教育の質を向上させる取り組みが広がっていくことを願っています。

シリーズ編者　中井俊樹／佐藤浩章

はじめに

社会のグローバル化および技術革新は、教育に大きな影響を与えています。アクティブラーニングやオンライン学習が授業に取り入れられるなど、大学の授業は日々変化しています。私たちは、自分たちが受けてきた授業とは全く異なる授業を担わなければならないただ中にいます。このような変化の激しい時代に生きる大学教員に求められるのは、常に自分が行っている授業を見直し、よりよい授業に向けて改善し続ける姿勢でしょう。

一方、昨今、大学教員は研究においてますます高い成果を上げるよう求められていることも事実です。授業改善が必要であることは理解しつつも、実際にそれに取り組む時間も労力も足りないというのが大学教員の本音ではないでしょうか。

このように教育と研究を対立するものとして捉える考え方がある一方で、両者を連続するものとして捉える考え方もあります。つまり、授業改善を教育活動であると同時に研究活動でもあると捉える考え方です。学生の学びをいかに促すのか、深めるのかといった問いを立て、その解を求めて授業を改善していくプロセスは、研究そのものです。そして、その研究を個人で行うだけでなく他者と共同で行うことで、その価値は増大し、教員個人の授業改善にとどまらず、学部や全学、そして全国や世界規模の大学の授業改善に広がっていくこともあります。しかも、その成果は目の前にいる学生に直接還元されます。このように、授業改善は研究と同様の喜びを実感できる営みでもあるのです。

本書では、授業改善を「授業で生じている出来事を観察し、調査を行って得られたデータを分析し、そこから導かれた課題の解決をめざして授業を変えること」と定義します。そのため、新しい知識を習得することを通して専門性を高めることよりも、今行っている実践を振り返ることによって専門性を高めることを重視しています。最初にこうした授業改善の意義や価値を明らかにします。その上で、授業改善を進めるための具体的な方法を示し、授業改善に必要な体系的な知識や技術を提供することを目的としています。

大学教員が授業改善に向けた小さな一歩を踏み出し、その歩みを生涯続けられるよう手助けするパートナーとして本書が位置づくことを期待しています。そして、授業改善が大学教員の日常に根付いていくことを願っています。

本書の刊行にあたり、多くの方々からご協力をいただきました。西田治氏（長崎大学）、北野健一氏（大阪府立大学工業高等専門学校）、皆本晃弥氏（佐賀大学）には、事例や貴重な資料のご提供をいただきました。

本シリーズ企画編者である中井俊樹氏（愛媛大学）をはじめ、他巻の編者あるいは分担執筆者である近田政博氏（神戸大学）、中島英博氏（名古屋大学）、山田剛史氏（関西大学）、小林忠資氏（岡山理科大学）には、本書の草稿段階より貴重なアドバイスをいただきました。上月翔太氏（愛媛大学）、小川幸江氏、吉野絵美子氏には、資料整理や編集作業にご協力いただきました。森貴志氏には本シリーズ刊行のチャンスをいただき、執筆方針についてもご助言をいただきました。林志保氏をはじめとする玉川大学出版部の方々にもお世話になりました。

執筆者を代表し、また、編者として、この場をお借りしてご協力いただいたすべての皆様に御礼申し上げます。

編著者　佐藤浩章　栗田佳代子

本書の構成と使い方

本書は5部で構成されています。第1部から順に読まれることを想定していますが、関心のあるところから読むこともできます。各部の内容は以下のとおりです。

第1部では、授業改善について学ぶにあたり、その背景や意義、そして授業改善に関わる基礎知識や理論を説明します。まずは、授業改善が求められる背景について大学教育の変化や歴史という観点から解説し、続いて授業改善の意義、教員のキャリア発達との関係について考察します(1章)。次に、教育スキル・知識・理念という三つの概念を説明します(2章)。そして授業改善に関わる諸理論を概観した上で、本書を通して使用する授業改善モデルを提案します(3章)。

第2部では、授業を観察し分析する方法を説明します。まずは、授業を記録する方法を説明します(4章)。そして、授業改善の根拠資料となる授業評価アンケート(5章)と学生の学習成果(6章)の観察・分析方法を説明します。

第3部では、授業を変える方法を説明します。まずは、効果のある授業に変える方法(7章)を、そして、効率のよい授業に変える方法(8章)、シラバスを変える方法(9章)を説明します。

第4部では、授業改善を深める方法を説明します。まずは、ティーチング・ポートフォリオ(教育業績記録)を作成する方法(10章)、そして、授業改善を研究する方法(11章)、同僚とともに授業を改善する方法(12章)、専門家とともに授業を改善する方法(13章)、授業改善をカリキュラム改善につなげる方法(14章)を説明します。

第5部では、授業改善に活用できるツールを紹介します。授業を観察・分析するために必要な配付資料やフォーマット、同僚とともに行うさまざまな授業改善の方法を掲載しています。ティーチング・ポートフォリオの実例も所収しています。

授業改善　目次

5章 授業評価アンケートをとる

6章 学習成果を明らかにする

9章 シラバスを変える

第4部

授業改善を深める

10章　ティーチング・ポートフォリオを作成する

11章 授業改善を研究にする

12章　同僚とともに授業を改善する

13章　専門家とともに授業を改善する

14章　授業改善をカリキュラム改善につなげる

第5部

授業改善のための資料

第1部

授業改善を理解する

1章

授業改善の背景と意義を理解する

1　授業改善の背景

1.1　大学教育の変化に対応するための授業改善

20世紀末から21世紀初頭にかけて、教育機関としての大学の役割は世界各国で重要視されるようになってきました。その背景には、この間に、先進諸国における高等教育の量的普及が終わり、社会が大学教育の質に注目するようになったことがあります。こうした変化を受け、大学教育の質を保証するための制度が整備されています。たとえば、多くの国々で大学教育の質保証機関が設立されました。日本においても2000年代に入り、高等教育機関に対する認証評価制度が導入されました。認証評価制度のもとでは、教育の内部質保証を担保するものとして、各大学における授業およびカリキュラムの改善の仕組みが求められています（大学改革支援・学位授与機構 2017）。

このような大学教育制度の変化があったのと同時期に、教育学という学問においても、「教授から学習へ（From Teaching to Learning）」（Barr & Tagg 1995）というパラダイムシフトが起きました。つまり「いかに教授者が教えたか」から「いかに学習者が学んだか」へ研究対象が移行したのです。アクティブラーニングやオンライン学習を取り入れた授業に代表されるように、大学教員はこれまで自分が経験してこなかった方法で授業を行わなければならない状況に置かれています。今後、AI（Artificial Intelligence：人工知能）やIoT（Internet of Things：モノのインターネット）の進展により、大学の授業はさらに変化していくものと予測されます。

このような状況において大学教員に求められるのは、学びに資するさまざまな変化を柔軟かつ正しく取り入れ、よりよい学びの場を創造し続ける能力です。これは授業を改善し続けていく能力といえます。

1.2　初等・中等教育機関における授業改善の歴史と特徴

日本の初等・中等教育機関において、組織的な授業改善の試みは「授業研究」と呼ばれ、学制が制定された明治初期以来の長い歴史をもっています（稲垣と佐藤 1996、佐藤 2015）。当時は、国家主導で欧米からの新しい教育方法モデルを導入することから授業研究が始まりました。その後、教員たちによる学校単位での自主的な授業研究が活発になり、1960年代に入ると、教育学者たちが授業を研究対象として位置づけ、現場の教員とともに授業改善に取り組むようになります（稲垣 1995）。その当時は、授業改造とも呼ばれていました（広岡 1964、水越 1979）。

日本の授業研究は、諸外国に“Jugyo Kenkyu”あるいは“Lesson Study”という用語で伝播しており、教員の優れた能力開発手法として高く評価されています（秋田とルイス 2008、小柳と柴田 2017）。授業研究の特徴として、公開性、コミュニティでの問題の共有と解決に向けての協働性、教員の主体性、教員の成長を長期的な過程の中で捉える持続可能性、研修形態の弾力性などが挙げられています（Doig & Groves 2011）。

一般的な授業研究では、まず、教員が授業を同僚教員に参観してもらいます。そして、授業終了後に開催される授業研究会において同僚教員からのフィードバックを得ることで、授業改善を行っていきます。

初等・中等教育において授業研究が広まった理由はいくつかあります。第一に、政府が定めた学習指導要領が存在しており、教員間で授業内容の共有がなされている点です。第二に、教員になるためには教員免許状が必要であり、その取得のためには大学における教職課程で教育学の基本的知識を学ぶことが求められています。これらによって、授業参観にあたっての着眼点や授業研究会における論点が共有されやすい点です。第三に、初等・中等教育機関の教員のアイデンティティは勤務先である教育機関にあり、同僚として相互に学びあう環境が成立しやすいという点です。

1.3　大学における授業改善の現状と課題

一方、大学教員にとって、授業改善という言葉はあまり耳馴染みがないかもしれません。というのも、大学教員が授業改善を行うには、いくつかの障壁があるといわれているためです。授業改善を妨げる要因としては、教育に費やす時間が不足していること、所属している組織が授業改善に積極的でないこと（改善をするという文化がない、インセンティブがない、支援体制がないなど）、教育改善の効果への疑念があることなどが指摘されています（Sabagh & Saroyan 2014）。また、これらに加えて、研究者であるという自意識が教育に時間を費やすことを阻む（Brownell & Tanner 2012）、初等・中等教育機関と異なり授業内容の共有がなされていない、教育学の基本的知識が共有されていない、教員としてのアイデンティティは職場ではなく学会などにあることが多いという理由もあるでしょう。

日本の大学において組織的な授業改善が各大学に普及し始めた契機の一つは、1990年代に展開された京都大学による「公開実験授業」の取り組みです（京都大学高等教育教授システム開発センター 1997、同 2001）。初等・中等教育機関で一般的であった公開授業を取り入れたこの取り組みは広く知られるようになり、参加した他大学の教員が自大学に戻って同様の試みを展開していきました（田口ほか 2003）。しかしながら、全国の大学が一斉に授業改善に取り組むようになったのは、1999年に「教員が授業内容・方法を改善し向上させるための組織的な取組」が努力義務として大学設置基準において規定されたことによるところが大きいといえます。

2000年代に入って、この規定が実施義務化されたり（大学院教育は2007年、学部教育は2008年）、認証評価制度が開始されたりすることで（2004年）、国家レベルで授業の質保証制度が整備されていきました。同時に、各大学には授業改善を推進するための責任部署である大学教育センターなどが設置されるようになりました。こうしたセンターの一部には、FDer（ファカルティ・ディベロッパー）と呼ばれる、授業改善を支える専門家も配置されるようになりました。教員を対象に授業改善を目的とした研修を提供する大学や、教員同士で授業参観や授業研究会を実施する大学もあります。また、大学教員向けの授業改善に関する書籍や動画教材の数も増えつつあり、大学教員が授業改善を行う環境は整いつつあるといえます。

とはいえ、初等・中等教育に比べれば、大学における授業改善の取り組みはいまだ限定的であるのが現実です。そのため、授業改善に真摯に取り組んでいる大学教員の中には孤独を感じている人もいます。

1.4　授業改善の定義

本書では、授業改善を「授業で生じている出来事を観察し、調査を行って得られたデータを分析し、そこから導かれた課題の解決をめざして授業を変えること」と定義します。これを見て、そんな面倒なことはできないと感じる大学教員もいるでしょう。しかしながら、実際のところ、多くの大学教員は小さな授業改善を日々行っています。

たとえば、学生の表情が明るかったり、問いに正確に答えてくれたり、学生から積極的に質問が出たり、テストの結果が良かったりすると、教員は達成感を感じます。一方、寝ている学生や私語をしている学生がいたり、テストの結果が悪かったりすると、教員は達成感をあまり感じられないでしょう。このように、大学教員は授業中に学生たちを観察し、授業後に振り返りを行い、「うまくいった点」と「うまくいかなかった点」に関わるデータを日々収集・分析しています。そして、収集したデータに基づき、翌回の授業では、話すスピードを上げたり説明を詳しくしたりして、授業方法や内容をその都度修正しています。

このように、意識の有無にかかわらず、授業改善は大学教員にとって日常的なものです。ただし、その取り組みの多くが自己流で行われています。授業改善に関わる研究知見を踏まえて取り組むことで、さらに授業の質を高めることができるかもしれないのです。

2　授業改善の意義

2.1　教員の責務として授業改善を行う

大学教員は何のために授業改善に取り組む必要があるのでしょうか。ここでは授業改善の意義について考えます。

まずは法令上の規定を見てみましょう。教育基本法第九条第一号には「法律に定める学校の教員は、自己の崇高な使命を深く自覚し、絶えず研究と修養に励み、その職責の遂行に努めなければならない」とあります。授業改善は、ここでいう「研究と修養」に位置づけられます。つまり、教員には、学生の成長を促すという「崇高な使命」が存在するため、授業改善は法令上教員の責務となっています。そのため、就学前・初等・中等教育機関の教員には、この法令を根拠に教員養成制度や免許制度、そして入職後の各種研修といった制度が存在します。

一方、大学教員には、そのような制度がありません。日本の大学では、2000年代以降、将来大学教員をめざす大学院生向けの授業やプログラム（プレFDプログラム）が広まりつつあります（今野 2016）。2019年には、大学設置基準の改正により、博士課程を置く大学にはプレFDプログラムの提供あるいは情報提供が努力義務化されました(文部科学省 2019)。しかし、その受講は必須ではありませんし、大学教員に教員免許は不要です。また、着任後の研修が必須化されている大学ばかりではありません。したがって、現状では教員個人が自らの意思で授業改善に取り組む必要があるのです。

2.2 研究活動として授業改善を行う

大学教員である以上、研究を厭う人はいないでしょう。実は授業改善のプロセスは、研究のプロセスと類似しています。課題の中からリサーチクエスチョンを設定し、その問いに対する仮説を立て、実験や調査を行い、結果を考察するという手続きは、授業改善においても同様に適用されます(3章参照)。授業改善を研究活動として捉えることができれば、授業改善にも研究と同様の価値を見いだすことができます。

授業改善の成果やプロセスを学術論文に仕上げ、学会で発表することで、それらを研究業績に位置づけることもできます(11章参照)。すでに諸外国では大学での授業実践を基盤とした研究が普及しており、授業改善に関する国際学会や国際ジャーナルも数多く存在しています。日本においてもそうした取り組みに関心をもつ大学教員や学会が増えています。

論文作成や学会発表を行うことによって、他大学、他分野、他国の大学教員と新たな人間関係を構築することもできます。これによって、自らの授業だけではなく、自らの専門分野における授業、あるいは自らが所属する学部・学科・機関の授業、最終的には大学全体の授業の質向上に貢献できるかもしれません。

2.3 業務効率化のために授業改善を行う

大学教員の労働時間に関する調査によれば、年々研究時間が減少していることが明らかになっています(神田と富澤 2015)。前述のとおり大学教育の質が重視されるようになってきたため、教育に費やす時間が徐々に増加してきたのは当然のことかもしれません。それに加えて、社会貢献や管理運営に費やす時間も増加する傾向にあります。

授業改善に取り組もうとすると、新しい教育方法を学習したり、シラバスを変更したり、教材を作り直したりする必要が生じます。そのため一時的に教育に関わる業務負荷が高くなることも事実です。しかしながら、長期的な視野で考えた場合、教育活動に関わる時間や労力の削減につながることも多くあります。たとえば、オンライン教材の作成には時間と手間がかかりますが、一度出来上がってしまえば、授業資料の印刷・配付、授業実施、採点、答案返却、移動といった時間を減らすことができます。授業改善には、業務の効率化や働き方改革を進めるという意義もあるのです。

2.4　学生と自らの成長のために授業改善を行う

これまで機関や教員にとっての授業改善の意義について説明してきましたが、「教授から学習へ」という教育学におけるパラダイムシフトを踏まえるならば、授業改善とは、学生の成長や変化のために行う活動だといえます。授業改善を通して、目標に到達したり、授業内容に満足したりする学生が増えることを目の当たりにした教員も多いでしょう。

学生の目標達成と大学教員としての自己効力感は相関関係にあるといわれています（Tschannen-Moran et al. 1998）。学生の成長を見ることで教えることに対する自己効力感が向上し、その結果、授業に対するモチベーションが向上し、さらなる学生の目標達成をめざすという良い循環が生まれます。授業改善を行った結果、学生から肯定的なフィードバックがあった場合も、同様の効果が得られるでしょう。

このように、授業改善は学生の成長に寄与するだけでなく、教員自身が成長していく上でも重要な役割を果たします。

3　教員のキャリア発達と授業改善

3.1　教員のキャリア発達とは何か

初等・中等教育機関の教員は、教えるにあたって教員免許状が必要です。入職前には大学で教職課程を履修する必要があり、入職後も、経験や研修を通して、授業を担当する上で必要な資質・能力を生涯にわたって開発し続けることが求められます。つまり、教員という職業は専門職であり、その職能は長い年月をかけて開発されていくと考えられています。このプロセスは教員のキャリア発達と呼ばれます。授業改善はキャリア発達の上でどのように位置づけられるのでしょうか。

キャリアにおける各段階（たとえば、1年め、5年め、10年め、20年めなど）を、キャリア発達段階と呼びます。各段階にどのような発達課題があり、教員はそれをどのように克服していくのかを明らかにする研究が行われています（吉崎 2000）。教員のキャリア発達段階については、複数のモデルが示されています。

3.2　教員のキャリア発達段階モデル

フーラーらは「教員発達の4段階モデル」を提案しています（表1）。また、バリーナーは「教員発達の5段階モデル」を提案しています（表2）。日本では、吉崎らが新任教員を対象とした調査結果の成果を踏まえて「新任教師の発達課題」を提案しています（吉崎 1997）（表3）。

これらの「教員のキャリア発達段階モデル」に共通する特徴は、教員の発達段階が上がっていくにしたがって、①教室で生じる事象の把握が無意識的にできるようになる、②教室では流暢に、柔軟に、しかも自動的に振る舞えるようになる、③教室で生じる事象の予測が正確にできるようになる、③授業ルーチン（日常的な振る舞い）を確立できるようになり、それを踏まえて学生の反応に合わせて柔軟に対応できるようになる、というものです（吉崎 2000）。

このように、教員のキャリア発達において、授業改善は中核的な位置を占めています。つまり、授業を改善していくことが、教員としての自らのキャリアの発達段階を上昇させていくことと同様の意味をもつといえます。

表1　教員発達の4段階モデル（フーラー）

第1段階の関心	ただ漠然とした不安にある。
第2段階の関心	教室のコントロール、教える内容の習得、教員としての役割を遂行するための適切さなど、「教員として生き残れるかどうか」ということにある。
第3段階の関心	自分自身の教える行動、授業の状況がもつ制約とそれに対する不満などに向けられる。
第4段階の関心	子どもに向けられる。そして、自分の教える行動（指導）が子どもの社会的、学業的、情緒的ニーズに対応しているかどうかが主な関心となる。

出所　吉崎（2000）、pp.197-198を参考に作成

表2　教員発達の5段階モデル(バリーナー)

第1段階 **初心者前期**	教員は、文脈(つまり、個々の授業場面)から離れた一般的なルールを獲得するにつれて、授業の各構成要素を分類したり、学習したりできるようになる。ただし、授業のやり方はまだ柔軟性に欠けているとともに、教員自身が集中していないと授業が成立しない。
第2段階 **初心者後期**	多くの2・3年目の教員が達する。この段階になると、エピソード的知識や方略的知識を獲得したり、文脈間の類似性を認識したりできるようになる。いつ一般的なルールを無視してよいか、破ってよいかを理解できるようになる。
第3段階 **中堅者前期**	教員(教職4年目以降)は、自分の教室行動(教授行動と経営行動)について意識的に選択し、それらの優先順位を設定し、さらにプランを立てられるようになる。これまでの実践経験から、何が重要であって、何が重要でないかを知っている。また、タイミングの意味がわかるようになる。しかし、教室行動はまだ流暢でも柔軟でもない。
第4段階 **中堅者後期**	教員(教職5年目でこの段階に達する者がいる)は、意識的な努力なしで、教室からの情報を収集できるようになり、さらにある程度の正確さをもって授業事象を予測できるようになる。また、直観やノウハウが教室行動のために使われるようになる。
第5段階 **熟達者**	教員は、教室事象に自分の注意を意識的に向ける必要がないので、教室行動は流暢に、しかも何ら努力なしで行われているようにみえる。つまり、そこでは状況の直観的な把握がなされ、熟慮なしでも適切な教室行動がとられるようになる。ただし、すべての教員がこの段階に達するわけではない。

出所　吉崎(2000)、p.198を参考に作成

表3　新任教師の発達課題(吉崎)

	授業設計(授業計画)	授業実施(授業実践)
1	指導書の学習指導案(教案)の例をみたときに、1時間の授業の流れについてのイメージがわく。	適切な授業ルーチンを確立する。
2	主要な発問や説明に対する「子どもの反応」を予想する。	教科ごとの授業の進め方(パターン化)を確立するとともに、内容に応じてバリエーションをつける。
3	子どもがつまずきやすい学習内容や学習場面を予測する。	子どもの個人差(学力の差、学習速度の差、興味・関心の差)をできるだけ考慮した手立てをとる。
4	指導書の学習指導案を、学級の子どもの実態を考えながらアレンジする。	可能な限り子どもの反応を待つ。
5	指導書の単元案の例をみたときに、単元全体のイメージがわく。	子どもの反応に応じて、複数の手だて(対応策)をとろうとする。
6	単元と単元との関係に気づく。	予想外の子どもの反応に少しでも対応しようとする。

出所　吉崎(1997)、p.23 表1-1を参考に作成

3.3 大学教員のキャリア発達

上述のキャリア発達段階モデルは、主に初等・中等教育機関の教員を想定して作成されたものですが、大学教員のキャリア発達もこれと同様のものと考えてよいでしょうか。大学教員の場合、求められる能力は多面的（研究、教育、管理運営、組織的市民性、学問的誠実性など）であり、こうした複数の能力を視野に入れてキャリアを捉える必要があります（羽田 2011）。先行研究によれば、日本の大学教員は入職後、初期段階に生じる各種困難を克服しながら、経験と年齢によって漸進的にこれらの能力を発達させています（東北大学高等教育開発推進センター 2013）。

しかし、専門分野によって、教員のキャリア発達段階は異なります（猪股 2013）。たとえば、理工系教員の場合、一般的に若手教員は仕事時間・労力エフォート率（全業務時間・労力を100%とした場合の配分率）の5割が研究、3割が教育に当てられていますが、中堅教員は教育が4割程度に増加し、研究と教育のエフォート率は同程度になります。ベテラン教員は、研究と教育の比率は変わらず、管理運営の比率が増加します。一方、人文社会系教員の場合、経験年数によってエフォート率の差異がほとんどみられません。医歯薬系の教員の場合、若手教員のエフォート率の柱は診療臨床と研究になります。

こうした調査結果から考えると、大学教員のキャリア発達においては、初等・中等教育機関の教員のように授業改善が中核的要素になるとはいえません。しかしながら、とりわけ新任の大学教員は、授業についてストレスや不安を抱えていることが明らかになっています。

たとえば、授業の経験年数が少ない大学教員ほど、学生の否定的反応（私語や授業中の居眠りなど）に対するストレスを感じています（神藤と尾崎 2004）。また、初任の大学教員を対象に行った調査によれば、教育方法・学生・教育システムに関する不安を抱えていると同時に、研究と教育を両立できるかという不安を強く抱いていることも明らかになっています（中村ほか 2007）。そして、教育能力を獲得するまでには、10年程度の時間がかかっています（石井 2010）。

つまり、研究知見に基づいた授業改善を行うことで、初任から10年程度のストレスや不安を軽減させ、大学教員としてのキャリアの基盤を安定的なものにすることができる可能性があります。

2章

教育スキル・知識・理念を理解する

1　教育スキルを理解する

1.1　授業改善と資質・能力の変化

授業改善と聞くと、教育方法を変えたり、教える内容を変えたりといったことが想定されがちです。本書でもその具体的な手法を紹介しています。しかし、授業改善によって変化するものはそれだけではありません。授業改善と教員自身の資質・能力の変化は強く連動しています。つまり、教員は、授業改善という経験を経て、授業だけではなく自己自身をも変容させていきます。ここでは、そのことを説明するために、経験学習という概念を紹介します。

経験学習とは、経験を通して、自己のスキル、知識、信念の修正・追加を行っていくことです（松尾 2006）。まず、経験は、身体を通して直接的に事象に関与する「直接経験」と、言語や映像を通して間接的に事象に関与する「間接経験」に区別されます。また、関与する事象という視点から、客観的特性としての「外的経験」と、その事象を理解し解釈する「内的経験」に区別されます（図1）。

たとえば、大学教員が授業を行うことは「直接経験」であり、他の大学教員の授業を見学することは「間接経験」です。また、どのくらいの授業科目数を教えたのかといった客観的経験は「外的経験」ですが、授業を通して何をやりがいと感じたのかというのは「内的経験」です。これらの経験を通して、自らのスキル・知識・信念は変化していきます。

このように考えると、授業改善とは、授業経験を通して、教員がすでにもっているスキル・知識・信念が変化することといえます。これが、授業改善は自己変容であると述べた理由です。

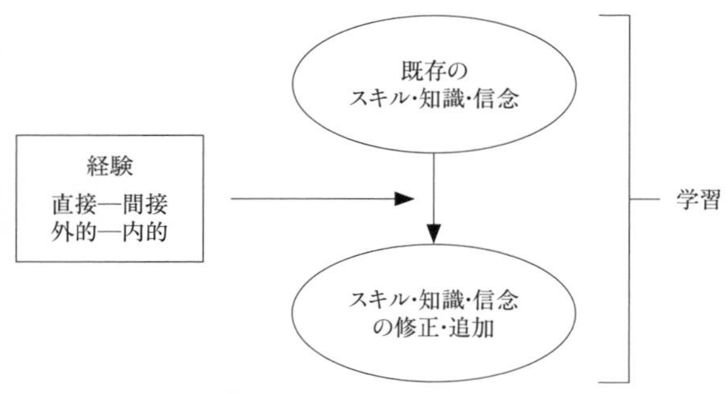

図1　概念間の関係（出所　松尾 2006、p.11図序2を参考に作成）

1.2　教育スキルとは何か

授業という経験を通して変容する、スキル・知識・信念とは具体的にはどのようなものでしょうか。教育学においては長らく、授業に必要な資質・能力は教育スキル（Teaching Skills）であると捉えられてきました。

日本では、古くから藩校、私塾、寺子屋などで教育が行われてきましたが、その形態は自学自習でした。明治期の学制以降に、欧米で行われていた一斉授業形態が導入されたことにより、大人数の生徒に教えるための知識やスキルの向上が課題となりました（姫野 2013）。そこで、当時諸外国で行われていた教員養成方法が日本に普及していくことになりますが、そこでは、本の持ち方、音読の方法、板書の書き方などの多様な教育スキルが教えられていました（稲垣 1966）。このような中で、戦前・戦後には優れた教育実践を行う教員が注目され、1950年代以降はこうした教員のもつ名人芸を教育スキルとして明らかにしようとする研究が進んでいきます。

具体的な教育スキルとして、指導案、まなざし、語り、発問、問答、説明、説得、ゆさぶり、指差し、指示、助言、評価、板書、演示（示範）、机間巡視、ノート指導、討論など、さまざまなスキルが抽出され、それぞれのスキルを授業改善にどのように役立てるのかが議論されてきました（山田 2004）。

このように、1960年代後半から1970年代の後半までは、優れた教員のもつ教育スキルを明らかにする研究や、それらをいかに効率的に教えるのかに関する研究が発展していきます。しかし、「細分化された教授スキルは、実践経験の乏しい学生の力量向上に役立つ部分もあるが、実際の授業は多様な教授スキルの複合体であり、単体のスキルの教授・訓練の効果には批判」があったことも事実で、「種々の教授スキルが解明されたところで、授業のある場面で教師がとった行動の理由が明らかになったわけではなく、教師の状況認知や判断はブラックボックスのまま」(姫野 2013)でした。そのため、1970年代後半になると、教員のもつ知識や思考パターンが注目されていくことになります。

1.3　大学教員のもつ教育スキル

ところで、大学教員のもつ教育スキルについては、どのように議論されてきたのでしょうか。大学教員のための授業改善に関わる最初の書籍は、1951年に初版が出版され、その後版を重ねて米国の若手大学教員のバイブルとなった"Teaching Tips"(邦題『大学教授法の実際』)(マッキーチ 1984)だといわれています。当時ミシガン大学の大学教育センター長であったマッキーチが、ティーチング・アシスタントに向けて作成した冊子が書籍になったものです。1970年代には、ロンドン大学の教育方法部門による、教授法改善を目的とした大学教員向けの教科書も出版されました(ブライ 1985、ロンドン大学教育研究所大学教授法研究部 1982)。

日本でこうした書籍が翻訳され始めたのは1980年代です。FD(ファカルティ・ディベロップメント)という概念が学会や研究会で紹介され始めたのもこの頃です。翻訳書以外で大学教員の授業改善について書かれた日本で最初の書籍は、名古屋大学高等教育研究センターに所属する教員らに著され2001年に出版された『成長するティップス先生――授業デザインのための秘訣集』(玉川大学出版部)です。この書の「授業の基本編」の見出しは表4のようになっています。

この書名に「ティップス」という言葉が使われていることからもわかるように、大学教員にとっての授業改善は、初等・中等教育機関の教員同様、教育スキルの向上であると長らく考えられてきました。現在でも、そのような考えは根強く残っています。たとえば、日本の大学で広く実施されている授業評価アンケートの項目を見ると、板書の仕方、声の大きさなど、教育スキルに関わる項目が多く並んでいます。

2　教育に関わる知識を理解する

2.1　教育に関わる知識とは何か

1970年代後半以降は、認知心理学の研究成果の影響もあり、教員の認知

表4 『成長するティップス先生』「授業の基本編」見出し

1:コースをデザインする	コース・デザインの発想を持とう コースをいかにデザインするか
2:授業が始まるまでに	本当のシラバスを作ろう 教科書を選ぶ 講義ノートは改訂を忘れずに コースパケットをつくる 開講直前のチェックを忘れずに
3:第一回目の授業	初めての出会いはとても大切だ 初日における教師の関心 初日にこれだけはやっておこう コースの内容について適切なオリエンテーションを行う 学生と契約をしよう
4:日々の授業をデザインする	明日の授業の作戦を練ろう 導入部は刺激的に 展開部はスリリングに エンディングは印象的に
5:魅力ある授業を演出する	授業は研究室からすでに始まっている 俳優としての教師 助けを借りる
6:学生を授業に巻き込む	質問・発言を促し授業に活かそう 効果的なディスカッションをリードしよう 学生の参加度を高めるさらに進んだ方法
7:授業時間外の学習を促す	学習を上手に促す課題を与えよう 書く力を学生に与えよう オフィスアワーなどを通した学生指導
8:成績を評価する	学生が納得できる成績評価をしよう テストによる成績評価 論文による成績評価 成績評価にまつわるトラブル
9:自己診断から授業改善へ	毎回の授業をチェックしよう コース全体をチェックし来年のコースにつなげる あなたのスキルを磨くためのその他の情報源
10:学生の多様性に配慮する	すべての学生の学習環境を守ろう 留学生の学習を支援するためのティップス 成人学生の学習を支援するためのティップス 障害をもった学生の学習を支援するためのティップス セクシュアル・ハラスメントは問題外だ! 学生がもちかけてくる個人的相談にどう対処するか

的側面に注目した研究が増えていきます。その結果、教員は、教員固有の知識を教室において形成し機能させていることが明らかになってきました（別惣 2017）。これは教員がもつ実践的知識（practical knowledge）と呼ばれます（佐藤 1996）。

教員がもつ実践的知識として知られているのが、PCK（Pedagogical Content Knowledge）という概念です（Shulman 1986）。PCKとは、「授業を想定した学問内容や教材に関する知識」のことです。これは、「教える内容に関する知識（Content Knowlegde：CK）」と「教育学に関する知識（Pedagogical Knowledge：PK）」を統合したものであり、学問内容に関する知識を学習者にとって学びやすい形に翻訳するために必要な知識のことです（Shulman 1987）。

たとえば、数学を教える教員は、数学という学問内容についての知識（CK）をもっています。これは、学生・大学院生時代の専門分野であり、教員として就職した後も、研究を通して最先端の数学の知識を吸収しているはずです。一方で、経験や研修を通して、わかりやすく教えるための一般的な教授法に関する知識（PK）ももっています。アクティブラーニングや探究学習に関する知識がこれに該当します。そして、この両者を統合して、「数学をどのように学習者にわかりやすく教えるのか」について、自分なりの知識（PCK）を創り出しているということになります。

2.2　大学教員のもつ教育に関わる知識

PCKを大学教員の文脈にあわせて具体化した概念として、DPK（Discipline-specific Pedagogical Knowledge）があります（Berthiaume 2009）（図2）。

DPKとは、大学教員がもっている、学問分野に固有の教育学の知識のことです。これは、非常に複雑で、変化し続けるものであり、多様なものに由来しています。そして、その人個人がもつ知識観が影響しているため、学問分野を同じくする教員だからといって同じDPKにはなりません。一方、異なる学問分野の教員と共通のDPKをもつこともあります。

DPKは、大きく三つの知識群から構成されています。第一の知識群は「教えることに関する基礎知識（Knowledge base for teaching）」です。これは、①教えることに関する目標、②教えることに関する知識、③教えることに関する信念から構成されています（表5）。

第二の知識群は「学問分野固有の知識（Disciplinary specificity）」です。これは、①社会・文化的な特性、②認識論的な構造によって構成されています

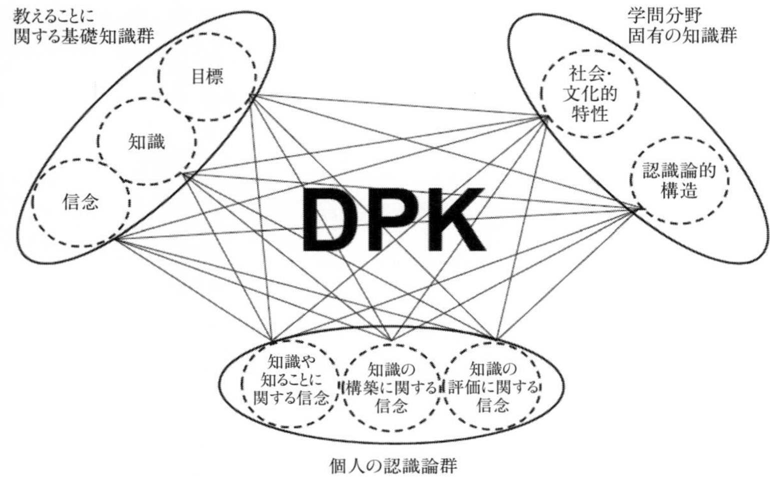

図2　大学教育のためのDPKモデル（出所　Berthiaume 2009）

（表6）。

第三の知識群は「個人の認識論（Personal epistemology）」です。これは、①知識や知ることに関する信念、②知識の構築に関する信念、③知識の評価に関する信念から構成されています（表7）。

DPKは、このように複雑な知識群によって構成されています。DPKは各知識間の関係を、教員個人もしくは同僚とともに意識的に記録することによって形成されていくとされています。具体的な記録方法として、個人的な取り組みには、省察的な教育実践、文献読解を基礎とした研究、実証研究があります。また、同僚と行う取り組みには、メンタリング、実践を共に行う共同体の構築、ワークショップや研修などがあります。いずれも授業改善のための取り組みとして、本書で紹介するものです。

表5　教えることに関する基礎知識群

要素	特徴(*が付いているものは中核となるもの)
① **教えることに関する目標** 教員として達成しようとしていること、学生への期待や教えることの短期・長期の意図	* 数回連続した授業での目標:15回などの連続した授業で達成したいこと
	* 1回分の授業での目標:1回の授業で達成したいこと
	目標の優先順位:授業やプログラムの中での目標の優先順位や重要度
	* 目標の達成状況:授業レベルでの目標の達成状況、達成した際の方法
	新たな目標、今後の目標:授業終了後に湧き起こる、今後の授業に関わる目標
② **教えることに関する知識** 熟練した授業に必要な、流動的ではあるものの比較的合意されている認知的理解の本質部分	* 授業内容に関する知識:教わったり学んだりした各専門領域の知識
	* 授業を想定した学問内容や教材に関する知識(PCK):特定の専門分野の専門的な内容に関する知識。文脈によって異なる
	自己に関する知識:自己に対する理解
	* 授業や教員に関する知識:教えることについての原則や方法に関する知識、大学教員についての知識
	* 学びや学習者に関する知識:学習者の特性や行動、学習者の学びに関する根拠資料
	* 学びの評価に関する知識:評価の原則や方法に関する知識
	* カリキュラムに関する知識:個別のトピックや授業が教育全体のプログラムにどのように位置づいているのかに関する知識。自分の授業と同僚の授業との関係
	人間の行動に関する知識:人間関係や人間の行動に関する知識(グループダイナミクス、人間関係論、非言語コミュニケーション)
	施設・設備など学習環境に関する知識:教室や施設・設備に関する知識
	職員管轄事項に関する知識:授業や学習に影響を与える職員管轄事項に関する知識
③ **教えることに関する信念** 自分の教える行動を導いている教育についての個人的な仮定や仮説、多くのものはきちんと検証されていない	教えることの目的についての信念:高等教育システムに関する長期的、最終的な姿についての見解
	教えるための条件についての信念:大学教育や大学での学びが効果を上げるために最低限要求されていることや条件についての見解
	* 教えることや教員についての信念:大学教員の役割や責任、優れた大学教育に最低限必要なものについての見解
	* 学びや学習者についての信念:学び手としての大学生の役割や責任についての見解

出所　Berthiaume(2009)

表6　学問分野固有の知識群

要素	特徴(*が付いているものは中核となるもの)
① 社会・文化的な特性	集団内での規範、実践、規則によって社会的に形づくられた特性
	* 専門分野における教育:同じ分野の同僚教員間やその分野の学生間で広まっている教育に関する規範、伝統、決まりごと
	* 専門分野における学習:同じ分野の同僚教員間やその分野の学生間で広まっている学習に関する規範、伝統、決まりごと
	* 専門分野における理解:同じ分野の同僚教員間やその分野の学生間で広まっている理解に関する規範、伝統、決まりごと
	* 専門分野における熟練:同じ分野の同僚教員間やその分野の学生間で広まっている熟練に関する規範、伝統、決まりごと
	その分野の認識論的構造に直接依拠する特性
② 認識論的構造	* 専門分野の説明:教員の専門分野の本質、あるいは自らの専門分野は何であるかについての説明(複雑さの程度や難易度についての説明)
	専門分野の学問体系:教員の専門分野内の主たる分野あるいは副次的分野
	他の専門分野との関係性:教員の専門分野が他の専門分野とどういう関係にあるのか、どのように比較されているのか(似ている点/異なっている点、他の分野との相対的な位置の変化)

出所　Berthiaume(2009)

表7　個人の認識論群

要素	特徴(*が付いているものは中核となるもの)
① 知識や知ることに関する信念 知識や知るということに関わるさまざまな行動というのはどのように構成されているのかについての見解	知識の本質に関する信念:各教員の専門分野ではなく、一般論として何が知識を構成しているのかについての見解
	* 知るという行為についての信念:人々が何かを知るとき何をするのか、あるいはどうやって知るのかについての見解(知識を獲得することについてではなく、知るという行為そのもの)
② 知識の構築に関する信念 知識の発展や蓄積についての見解	* 一般論として人はいかに学ぶのかについての信念:特定の専門分野だけの話ではなく、すべての個人に応用できる、学びや知識の構築に関することについての見解
	* 教員がいかに専門的に学ぶかについての信念:特定の学問分野の話ではなく、特定の教員個人が、人間はどう学ぶかについてどのように考えているのか、学びや知識の構築に関することについての見解
③ 知識の評価に関する信念 いかにしたら人は特定の知識形態にもっと貢献ができるのかについての見解	* 知識の相対的価値についての信念:特定のタイプや種類の知識を順位づけしたり、相対的な重要度を比較したりする際の見解
	知識を評価する方法についての信念:特定のタイプや種類の知識に対する、相対的な重要度をいかに判断するのかについての見解。いかに教員自身が知識を評価するのかに関する見解

出所　Berthiaume(2009)

3　教育理念を理解する

3.1　教育理念とは何か

教育スキルに代わって教員のもつ知識に注目が集まるのと同時に注目されたのが、教育理念です（姫野 2013）。すでに見たように、経験学習には自身のもつスキル・知識・信念の変容を伴います。また、DPKの中にも信念という用語が使われています。教員のもつ信念（belief）とは、一般的には、教育観、学習観、生徒観、教育信条、教育上の哲学や理想像といった言葉で表現されています。本書では、信念を含めたこれらの概念を総称して、教育理念と呼びます。

知識と理念との違いは何でしょうか。知識が多くの人によって共有された社会的な事実であるのに対し、理念は個人としての理想や価値を含む主観的な特性をもちます（松尾 2006）。また、理念は、個人的な理論や世界観として現れるような、個人の態度や行動を方向づける高次の認知的要因です。この点で、メタ知識としての特性も有します。複数の知識が連結してできた知識構造は「スキーマ」や「フレーム」と呼ばれますが、理念がスキーマになることで、新しい経験をどのように解釈するかが決まります。

3.2　教育理念の例

人によっては、教育理念という概念に、崇高で近寄りがたいイメージをもつかもしれません。ここでは、教育理念の具体例を考えてみましょう。たとえば、教育理念とは、次のような問いに対する答えとなるようなものです。

・学問の価値をどのように考えているのか
・学生にどのように成長してほしいのか
・学生に何を学んでもらいたいのか
・自分が教員としてどうありたいか

米国の大学においてベストプロフェッサー賞を受賞した教員を調査した研究によれば、優秀教員には、次のような共通点があるといわれます（ベイン 2008）。第一に、自分の学問分野において優れた研究業績を残していること、第二に、その学問分野について歴史的な視点をもっていること、第三に、学生と関わってきた経験に基づいて、学習に関する概念を作り上げていることです。そして、この学習に関する概念は、認知、動機づけ、および人間の成長に関する研究知見や理論に非常に似通っているといわれます。具体的には以下のような概念が挙げられています。

- 知識は創り上げるものであり、受け取るものではない
- 既有の知識体系としてのメンタル・モデルはゆっくりとしか変わらない
- 問いが重要である
- 本質的に好奇心がかき立てられる本物の課題に出会わせる
- 批判的に考えることを学ぶ場を創る
- 学生の注意を引きつけ持続させる
- 学問中心ではなく、学生中心
- 学生が授業と学習に全力投球することを求める
- 研究者がするような方法で学問的に思考させる
- 多様な学習方法で学べるようにする

この研究では、「教育学上の優れたティーチングの背後にはその教師の思考、態度、価値、概念が存在している」(同上)と結論づけられていますが、これこそが教育理念です。継続した授業改善によってこのような教育理念が形成されてきたものと推測されます。

3.3 教育スキル・知識・理念の関係

教員に求められる資質・能力に関する研究においては、このように教育スキルから知識、理念へとその焦点が移り変わってきましたが、決して教育スキルが不要になったわけではありません。教員としての熟達化は、「単なるスキルや知識の獲得プロセスなのではなく、知情意の一体的な働きに基づく、専門職としての統合的で個性的な成長のプロセスであり、そこには実践的知識の獲得のみならず、行動的・心理的習慣化や信念と態度の形成が含まれている」(鹿毛 2017)と指摘されているように、各資質・能力を統合的に捉えるべきでしょう。

各資質・能力の相互の関係性を示したものとして、ダーリン－ハモンドらのモデルがあります(Darling-Hammond et al. 1995)(図3)。ここでは、教員の知識、信念、態度が最下部に存在し、それを基盤として判断や意思決定が行われ、それらが行動として最上部に現れてくることを示しています。

授業改善によってもたらされる変化とは、潜在的には、相互に関連性のある各資質・能力の変化であり、その結果として、教育方法や内容の変化が顕在化すると考えるとよいでしょう。

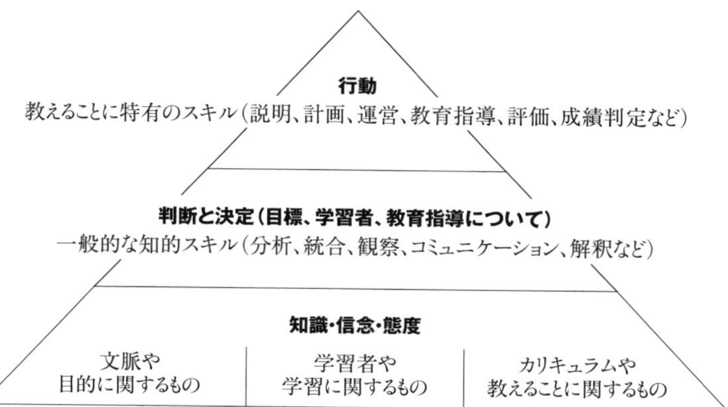

図3　教員の知識・判断・行動の関係（出所　Darling-Hammond et al. 1995、p.101 Figure 5.2を参考に作成）

3章

授業改善の理論を理解する

1　授業改善を理論で裏づける

1.1　成人学習理論

授業改善はどのような理論で裏づけることができるのでしょうか。ここでは、授業改善に関連する複数の理論を説明します。

教育学では、社会人を対象とした教育は「成人教育（アンドラゴジー）」と呼ばれ、子どもを対象とした「教育（ペダゴジー）」とは区別されます。成人は、学校などでのフォーマルな学習機会において新しい知識の獲得を行うのではなく、日々の経験を通して学習を行っていると考えます。よって、大学教員にとっての授業改善は成人学習の機会といえます。

成人学習には以下の3つの特徴があるとされています（ノールズ 2002）。

① 成人は他者の学習に貢献できる。多くの学習機会において、彼ら・彼女ら自身が学習への豊かな資源だからである
② 成人は新しい経験をつなぎ合わせる豊かな経験の基盤をもっている
③ 成人は多くの固定した思考の習癖やパターンを有しており、この点ではあまり開放的ではない

これらの特徴を踏まえて、授業改善を考えてみましょう。①の特徴から、授業改善は、単独ではなく他者と協同しながら行うことでより効果が高まるといえます。

また、②の特徴から、授業改善は、授業や教科書を用いるフォーマルな学習機会よりも、授業という経験そのものを基盤として行うと効果的であるといえます。たとえ授業改善の専門家がいなくても、教員そのものが豊か

な学習資源なので、教員同士の経験を共有することで学習が可能となります。

そして、③の特徴から、大学教員には授業を実施しながら身につけた固定化した思考習癖やパターンがあるため、行動や意識の変容をもたらすことは容易ではないということがわかります。つまり、経験から学ぶということと単に経験を積むということは同義ではなく、授業実践を多く経験したからといって、授業が改善されるわけではないのです。授業改善のためには、新たな知識を学ぶ前に、まずは自らの思考習癖やパターンを自覚することが必要です。場合によっては、それらを捨てて、新たに学び直すことが求められます。これは、「脱学習」ないし「学習棄却」(アンラーニング)と呼ばれ、慣習化されてきた仕事の仕方を変化させるために必要な行動とされます(Hedberg 1981、中原 2014)。

1.2　省察的実践家

授業改善には大きく二つのアプローチがあるとされます(中井と服部 2018)。一つは、授業方法に関する理論や実践的な知識に基づいて授業を改善していくものです。たとえば、アクティブラーニングの研修会に参加してその手法について学び、授業で応用してみるというものです。もう一つは、自分自身の授業を振り返ることで授業を改善していくものです。たとえば、テストの結果や授業評価アンケートの結果を踏まえて授業を修正するというものです。

この二つのアプローチは、専門職の位置づけに関する二つの考え方、つまり、専門職を「技術的熟達者」と位置づけるのか、「省察的実践家」と位置づけるのかという議論と連動しています(ショーン 2007)。伝統的に、専門家は「技術的熟達者」と考えられてきました。「技術的熟達者」とは、学問としての厳密性を重視するために、現実の文脈が捨象・細分化された科学的かつ標準的な知識や技術を獲得した、技術的合理性に基づいた専門家のことをいいます。

一方「省察的実践家」は、「技術的熟達者」という考え方を教育の世界に持ち込むことに異論を唱えたショーンによって提唱されました。教育という現実は複雑で、不確実性、不安定さ、独自性および価値の葛藤を抱えており、技術的合理性が基盤としている厳密性に価値を置いた科学的かつ標準的な知識では、これらに対応できないためです。「省察的実践家」とは、具体的な状況に参加し、その状況が抱える複雑な問題を認識していく方法として「省察」を用い、多くの判断を行いながら解決策を探っていく専門家のことをいいます。

ここでいう「省察」は、「行為の中の省察（リフレクション・イン・アクション）」であるとされています。つまり、教員の場合でいえば、授業中あるいは授業の前後に行われる、授業という行為に対する省察のことです。

ハッティは、「経験を積んだ教員（experienced teacher）」と「専門家としての教員（expert teacher）」を区別しています（Hattie 2003）。前者は教員として数年間教壇に立ち、教え方のハウツーを知っており、実際に教室でも上手に教えることができますが、後者はそれに加えて、学生の成長のために最も効果的な学びや教えは何かについて自らの実践を振り返っているといいます。このように、専門家になるためには、経験を重ねるだけでは不十分であり、その経験を振り返ることが重要であるとされています。

そのため、本書では大学教員を「省察的実践家」として位置づけ、授業という実践を振り返りながら改善していく方法を中心に扱います。しかしながら、「技術的熟達者」と「省察的実践家」を対立するものとして位置づける必要はありません。科学的に実証された知見は、文脈が捨象され一般化されたものですが、多くの事象に応用しやすいという特徴があります。そのため、本書でも部分的に扱っています。授業改善に関する一般化された科学的知見も、自らの授業経験を振り返ったり新しい教育を創造したりするためには、きわめて有益です。

1.3　経験の相互作用と連続性

授業改善における「授業」とは、大学教員にとっての「経験」そのものです。デューイは、経験の原理として「相互作用」と「連続性」の二つを挙げています（デューイ 2000）。まず、経験は内的条件と客観的条件との「相互作用」によって構成されるとします。そして、この「相互作用」に基づいて状況が成立し、経験とはこの状況において絶えず再構成されるものとされます。

また、現在の経験は以前と以後の経験と関連しており、必然的に過去の経験は未来の経験に影響を与えるとされています。これが経験の「連続性」と呼ばれるものです。

ここで授業をデューイが挙げる経験の二つの特徴に照らして考えると、授業というものは、教員の資質・能力や教育理念、教育方法といった内的条件と教室環境や学生集団の質や意欲、雰囲気といった外的条件が相互に影響しあうことで構成されるといえます。そして、現在の授業は、過去の授業の影響を受けており、未来の授業に影響を与えるといえます。

これらを踏まえると、授業改善とは、授業を取り巻く各種条件の「相互作用」のあり方を変化させることにより、過去・現在・未来の授業を再構成し続けていく「連続性」のある活動と捉えられます。

2　授業改善のモデルを理解する

2.1　経験学習モデル

次に、大学教員に適した授業改善モデルを考えるために、既存の関連するモデルを整理しておきましょう。まずは、コルブによる経験学習モデルです（Kolb 1984）。このモデルでは、学習を「経験を変換することによって知識を作り出すプロセス」と定義しました。経験学習モデルは「具体的な経験（concrete experience）」「省察的な観察（reflective observation）」「抽象的な概念化（abstract coceptualization）」「能動的な実験（active experiment）」という四つのステップが循環する構造となっています（図4）。コルブは、先に述べたデューイによる「経験の連続性」を前提にしてこのモデルをつくりました。

このモデルを授業改善にあてはめると、授業を行った（具体的な経験）後に、自分の授業を振り返って観察し、注意深く分析をして（省察的な観察）、それを一般化して抽象的な仮説や法則を見いだし（抽象的な概念化）、それらを次の授業に適用する（能動的な実験）、ということになります。

経験学習モデルを授業改善に応用するにはいくつかの課題もあります。まず、経験学習モデルそのものが抽象的すぎる点です。各ステップの説明

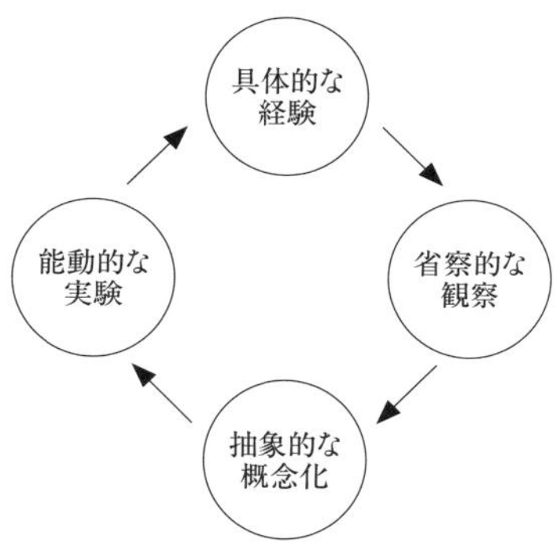

図4　経験学習モデル（出所　Kolb 1984、p.42 Figure 3.1を参考に作成）

が具体的ではなく抽象的な概念の説明にとどまっており、授業改善を具体的に進めるための指針が示されていません。実際に活用するには、各場面の具体的な状況を想定した詳細なモデルが必要となります。

また、経験学習モデルでは、研修や読書など経験と直接結びつかない学びが入る余地がないと指摘されることもあります（コルトハーヘン 2010）。経験を重視するあまりに、経験の外にある理論や知識との関連性が希薄になるのです。

2.2 ALACTモデル

コルブによる経験学習モデルの問題点を踏まえながら、ショーンが「省察的実践家」において重要視した「省察」を精緻化させたモデルとして提起されたのが、コルトハーヘンによるALACTモデルです（コルトハーヘン 2010）。

ALACTモデルは、省察を軸とした循環プロセスによって教員の専門的な力量の向上をめざしたものであり、授業改善を五つの局面で捉えています（図5）。

五つの局面とは、①行為（action）、②行為の振り返り（looking back on the action）、③本質的な諸相への気づき（awareness of essential aspects）、④行為の選択肢の拡大（creating alternative methods of action）、⑤試み（trial）です。

まず、①の局面において「行為」が生じます。これはコルブの経験学習モデルにおける「経験」に相当しますが、実際の授業あるいは授業における「焦点が絞られた問題」のことです。たとえば、「クラスにおいてグループワークを実施したところ、議論が活発にならず、時間が余ってしまった」といった問題が行為に当たります。

②の局面は、この行為について教員が振り返る段階です。たとえば、この行為が生じた原因として、学生の準備が足りなかったこと、配付資料がたくさんあったこと、グループワークについての説明が漠然としていたこと、多くの学生がモチベーションを失っているように見えたこと、などに気づいていきます。また、教員自身や学生がどのように感じたのかを考えることで、表面に現れる行動だけではなく、内面の感情についても振り返ります。

③の局面は、②の局面の振り返りによる気づきを受け、本質的な気づきを得る段階です。たとえば、グループワークの内容が学生の能力やその授業の目標に合致しておらず、時間も適切に設計されていなかったためモチ

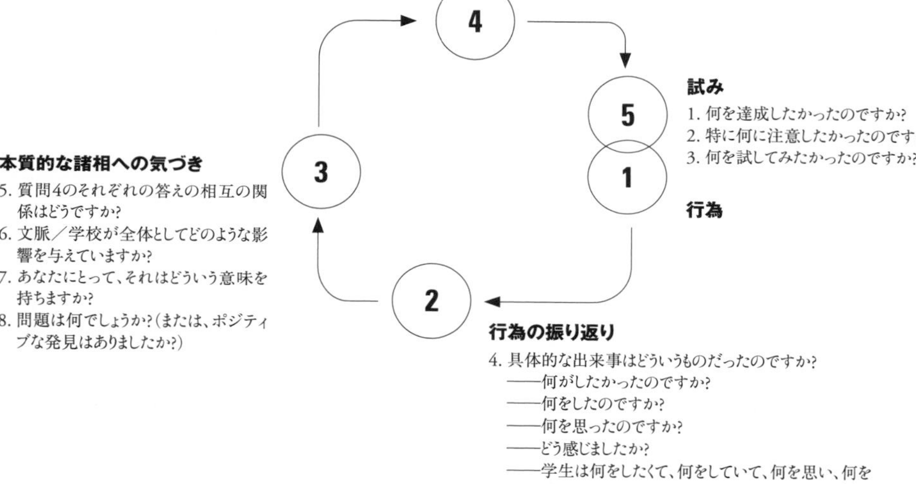

図5　ALACTモデル（出所　コルトハーヘン 2010、p.54 図2.2、p.244 図8.1を参考に作成）

ベーションを削ぐ結果に陥っていたことを認識することが、本質的な諸相への気づきです。

そして、④の局面においては、この本質的気づきを踏まえて、たとえば、目標に対応するようにグループワークの内容を見直したり、モチベーションを上げる方法について新たに学んだりするなど、自身の経験から得た教訓に基づいて行為の選択肢を増やしていきます。

最後に、⑤の局面においては、実際に改善を試みます。この⑤の局面は行動を伴っているので、ALACTモデルにおいては次の新しい循環の第一の局面と重なります。このように、授業は螺旋状に変化していきます。

経験学習モデルと比較してみると、ALACTモデルは局面ごとに詳細な問いが設定されているのが特徴です。省察といっても、本人がどの点に着目して振り返るべきかわからなければ、単なる事実の記述にとどまることもよくあります。ALACTモデルでは、行為、思考、感情、希望に関わるさまざまな問いによって深く授業を振り返ることができます。

また、経験学習モデルに対しては、経験の外から学ぶ学習が取り入れられていないという批判があることをすでに紹介しました。ALACTモデルでは、④の局面の「行為の選択肢の拡大」の段階で、知識や理論を取り入れることが可能です。

このようにALACTモデルは、「ショーンの省察理論の考え方に基づいて、またコルブの経験学習論を修正」することによってつくられた、経験が少ない人、経験が浅い人でも授業改善が可能となるモデルといえます（大山 2018）。

2.3 教員による授業研究のサイクルモデル

経験外の知識や理論を明確に位置づけているのが、石井による「教員による授業研究のサイクルモデル」です（石井 2019）。石井は、多様な領域にまたがる専門的知識を実践過程において統合する「見識や判断力」が教員の専門性の核であり、その熟達の程度が教員の力量の程度を決めるとしています。そして、優れた判断を支える実践知の多くは、論理的・明示的に言語化されにくく、「暗黙知」として実践者個人や集団の中で蓄積されていると述べています。「暗黙知」とは、具体的なエピソードやそれに関する感覚や意味づけにより形成されるものです。

一方で、教員が自らの実践を支える理論を自覚化し、より広い視野から実践の意味を理解し、それを語る言葉をもつためには、教科内容・子どもの学習・教育方法などに関する諸理論である「形式知」を学ぶことも重要であるとします。理論の存在は、教員の感覚的な判断を根拠や確信を伴ったものとし、実践の変革可能性や柔軟性を広げます。

そして、教員の力量を磨くためのモデルとして、「教員による授業研究のサイクルモデル」を提唱しています（図6）。

このモデルでは、中核にある教員の哲学（理想とする子ども・授業・学校の姿およびそれを根拠づける思想）によって、授業研究の方向づけがなされます。そして、教員が学習や経験を通して構築してきた「実践上の哲学と理論」に照らして、構想・実施・省察の各段階での判断の妥当性が判断されます。一方、このサイクルを通して、「実践上の哲学と理論」も再構成されていきます。このように、授業研究のサイクルを、理論知と実践知が統一する学びとして描いています。

石井は、伝統的に日本の教員の実践研究の文化が、単に事例研究を通じて効果的な授業方法を実践的に検証しているといったレベルを超えて、哲学することを伴っていた点を重視します。単なる技術や手法を超えて、教

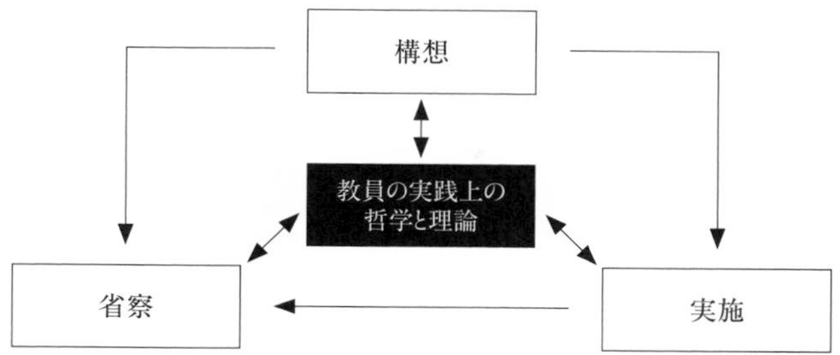

図6　教員による授業研究のサイクルモデル（出所　石井 2019、p.12 図1）
＊原文では「教師」を使用しているが、高等教育機関で一般的な「教員」に筆者が変更した。

育の目的、授業の本質、教科の本質、子ども観などの実践経験に裏づけられた哲学や思想が語られてきたことを踏まえて、サイクルの中央部分に「教員の実践上の哲学と理論」を位置づけている点が特徴的です。

3　LTAモデルを理解する

3.1　LTAモデルの三つのステップ

すでに見たALACTモデルについては、初等・中等教育機関の教員養成課程を念頭につくられたモデルであるため、大学教員の授業改善に適用するには限界があることが指摘されています（大山 2018）。また、教員による授業研究のサイクルモデルは、経験の背景にある哲学や理論に注目した点が特徴的ですが、このモデルも初等・中等教育機関の教員を想定してつくられたものです。

大学教員は、科学的な手続きに則り、リサーチクエスチョンを立て、実証・実験を行い、論文を執筆する研究者でもあります。既存のモデルの優れた点を取り入れつつ、大学教員に親和性のあるモデルを構築することが求められています。本書では、大学教員による授業改善のためのLTA（LOOK・THINK・ACT）モデルを提起します（図7）。

授業改善を試みようとする大学教員は、まず授業を観察してデータを収集し（LOOK：観察）、そこから課題を特定し、その課題の解決方法を考え（THINK：分析）、それを実際に行動に移します（ACT：行動）。そして、再度観察してデータを収集し、うまく機能したかどうかを見極めます。

LTAモデルは元来、アクションリサーチにおいて使われているモデル

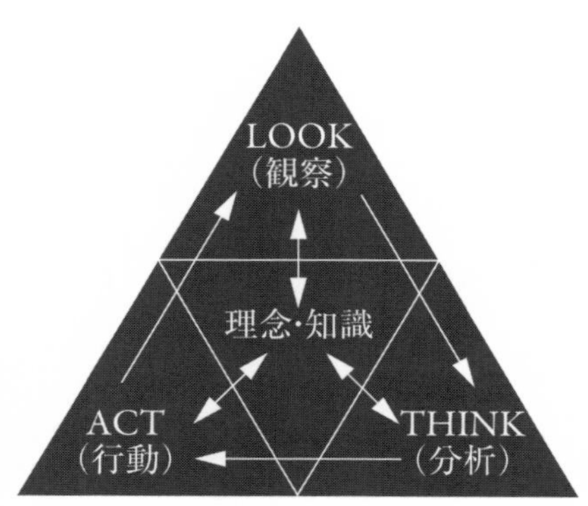

図7　大学教員による授業改善のためのLTAモデル

です（ストリンガー 2012）。アクションリサーチとは、実際の社会問題の解決に向けての実践を行い、その効果を検証するという研究手法です。1940年代にクルト・レヴィンによって提唱され、1960年代の米国を中心に広まりました（田中 2000）。アクションリサーチにおいては、普遍的な解決策は特定の場や集団には適応できないと考えます。研究目的は、その現場特有の状況に応じた解決策を見つけることにあります。

よって、アクションリサーチにおいては、研究者は実践者を兼ねることが一般的です。授業改善に関わるアクションリサーチにおいても、大学教員は研究者であり実践者でもあります。つまり、積極的に状況に関与しながら研究を行い、自らの授業の課題の解決をめざすことになります。

本書でLTAモデルを提起する理由の一つは、研究において使用されるモデルであるため、その考え方やプロセスが大学教員にとって馴染みやすいからです。それに加えて、アクションリサーチのモデルは複数あるものの、LTAモデルは「シンプル」で「影響力がある」というのも理由です（ストリンガー 2012）。シンプルな三つのステップで構成されているので記憶にも残りやすく、行動変容に強く影響を与えるのです。

オリジナルのLTAモデルと異なる点は、「理念・知識」をサイクルの中央に位置づけたことです。これは、教員の授業研究のサイクルモデルに倣ったものです。理念や知識は、教員が授業を観察し、分析し、変化のための行動を起こすプロセスに強い影響を与えます。中央の「理念・知識」と周辺の三つのステップを双方向の矢印で結んでいる理由は、「理念・知識」が各ステップに影響を与えるだけでなく、このサイクルが回ることによって、「理念・知識」自体が修正・更新されていくことを示しているためです。

3.2　各ステップで行うこと

大学教員による授業改善を想定して、LTAモデルの各ステップで実際に行うことを説明します（表8）。

まず、LOOK（観察）のステップでは、授業に関連する情報、データを収集します。授業中の学生の様子、授業評価アンケート、学生の学習成果物などをよく観察して、事実を記述していきます。

次に、THINK（分析）のステップでは、先の観察結果に基づき、必要に応じてあらためて調査を行い、授業において何が起こっているかを分析します。そして、その調査結果を解釈し、なぜその事象が起きているのかについて説明します。そこから抽象化を行い理論化します。

最後に、ACT（行動）のステップでは、分析結果ならびに理論を踏まえて、授業を変えるための計画を立て、実行し、それを評価します。

授業改善には、これら三つのステップが欠かせません。観察や分析だけであれば思考実験にとどまり、行動だけであれば思いつきによる取り組みのため、効果が現れなかったり、時に学生の学習や成長を阻害・停滞させてしまったりするかもしれません。

また、この三つのステップは、直線的に展開していくものでもありません。アクションリサーチは、「プロセスの終わりまで一歩一歩進んでいけるようなきちんと順序立った活動にはならない。人々は、手続きを後戻りしたり、プロセスを繰り返したり、手順を修正したり、解釈を再考したり、行程を飛び越えたり、そしてときには方向を根本的に変えたりしている自分に気づく」こともあるとされているように（ストリンガー 2012）、授業改善も実際は各ステップを往来しながら進んでいきます。

表8　LTAの各ステップで行うこと

LOOK（観察）	・授業に関連する情報を収集する（データ収集） ・授業の現状を記述する（定義・記録）
THINK（分析）	・授業を調査し、分析する（ここで何が起こっているかを調査・分析） ・授業を解釈し、説明する（どうやって、なぜそれらは今の状態になったのかを理論化）
ACT（行動）	・新たな授業を計画する ・新たな授業を実行する

出所　ストリンガー（2012）、p. 9を参考に作成

さらに、この三つのステップは区切りなく連続したり同時並行で進行したりすることもあります。たとえば、教員であれば、授業中に学生の様子を観察しながら眠たそうな表情をしている学生が多いことに気づいた場合、その場で原因を分析して、声量を上げたり、質問をしたりという行動変容を起こすでしょう。とりわけLOOK（観察）とTHINK（分析）は連続することが多いため、本書第2部ではこれらをまとめて説明しています。

3.3 螺旋状の改善

アクションリサーチは螺旋状に展開していくことが特徴だとされています（ストリンガー 2012）。つまり、三つのステップを踏んで、授業改善のサイクルが一巡したとしても、それで完結するわけではありません。一度授業改善のサイクルが回ると、新たな課題が見えてきて、次々に取り組んでみたいアイデアが増えていくはずです。こうして授業改善は螺旋状に連続しながら展開していきます。デューイが指摘した、「連続性」という性質をここに見ることができます。

授業改善を継続していくためには、最初は小さなサイクルを回すことから始めるとよいでしょう。最初から大きなサイクルを回そうとすると、行動にまでたどり着かないことがよくあります。最初のサイクルの結果を見ながら徐々にサイクルのサイズを大きくしていきます。

このように、授業改善が進むにつれ教育者としての専門性が高まり、大学教員としてのキャリアが形成されていきます。経験学習を通して学んだ教育スキル、そしてその背景にある知識や理念は、専門家と呼ばれるに相応しい人物が兼ね備えておくべきものに徐々に変容していくのです。

第2部

授業を観察・分析する

4章

授業を記録する

1　授業を記録する

1.1　データに基づく授業改善の意義

第2部では、LTAモデルのうち、LOOK（観察）とTHINK（分析）の方法について説明します。LOOK（観察）のステップはデータを収集することから始まります。データに基づく授業改善の意義は三つあります。

第一に、現状認識において、可能な限り先入観や主観を排することができます。過去の経験によってつくられた先入観や主観に依拠すると、自覚がないままに歪んだ現状認識をしてしまうことがあります。適切な目標や改善案を立てるためには、データに基づいて正しい現状認識を行うことが重要です。

第二に、授業実施時には自覚されていなかった事実が明らかになります。たとえば、授業を動画として撮影したり、他者からフィードバックを得たりすると、授業時には気づかなかったことが見えてくることがあります。

第三に、授業実践やその効果を他者と共有できます。つまり、データという共通言語をもつことによって、1人の授業改善事例が個人内にとどまらず広く共有され、大学教育全体の質向上に貢献する可能性をもちます。

しかし、授業に関するすべてのデータを収集しようとすれば、過大な手間がかかり、情報量も膨大になります。せっかく収集したデータが活用されないこともよくあります。授業改善の目的を明確に定めて、必要なデータのみを、効率的な方法で収集しましょう。

1.2　自分の授業を知るための方法

自分の授業を知るための方法には、三つのタイプがあります（西口と梶田 1998）。一つめは、教員自身の内的な基準との比較を通じて知るというタイプです（タイプ1）。たとえば、過去の自分の授業と現在行っている自分の授業とを比べて異なるところがあれば、自分の授業に変化があったことを知ることができます。具体的には教員による授業記録などがこの方法に該当します。

二つめは、他者との相互作用をもとに、他者と自分のものの見方の比較を通じて知るというタイプです（タイプ2）。たとえば、学生のインフォーマルなコメント、授業評価アンケート、学生の学習成果などを通して、授業がどのように捉えられているかを知ることができます。また、授業研究会における他の教員や教育学の専門家からのコメントなどを通して自分の授業の特徴を知ることもできます。

三つめは、外的で客観性の高い基準との比較を通じて知るというタイプです（タイプ3）。タイプ3で得られるデータは、タイプ1やタイプ2で得られたデータを包括するものであり、多角的な情報を統合し深い分析を行うことで、授業を理解することができます。たとえば、他の教員の教育実践と比較したり、先行研究における各種理論と照らし合わせたりして、詳細に分析するというものです。いわば、研究と同様のものとして教育を捉えます。

本章では、まずタイプ1の方法によってデータを収集する方法を説明します。タイプ1の方法は、教員が他者を介在させずにデータを収集することができるという点で、実施しやすいためです。

1.3　授業記録とは何か

授業記録とは、「広義には、授業という1回性を有する事象と経験を保存、蓄積したり、伝達、共有、継承したりする目的で、さらには授業の検討や分析の中心的資料とする目的で、作成した記録」（大谷 2000）のことです。

授業記録を作成する意義としては、①授業事実・体験の相互伝達、共有、蓄積（教員の成長記録としての意義を含む）が可能となる、②授業実践を分析対象にできる、③教員を教育するための教材になる、といった点が挙げられます。授業記録の作成主体は、授業を行う教員本人やその同僚教員のほか、教育学を専門とする研究者や教員をめざす学生の場合もあります。

授業記録の内容と形態には、以下のような種類があります（表9）。

表9　授業記録の種類

授業記録の種類	説明
音声記録	ICレコーダーなどの録音装置によるもので、授業の言語的な内容を中心に記録する。また、授業者の授業中の思考過程や意思決定過程を、胸元のマイクを使って「つぶやき」として記録するものもある。なお、これらからさらに後述の文字・言語記録が作成されることが多い。
映像記録	ビデオカメラなどによる記録で、音声を含む。授業を包括的に記録するもの。
文字・言語記録	①逐語記録：授業記録は狭義にはこれを指す。授業者の発問・説明・指示、学習者の発言など、授業の言語的な内容を、文字化して詳細に記述したもの。 ②観察記録：観察時に記録するフィールドノートに基づいて作成する。逐語記録と異なり、非言語的な教授行動やコミュニケーション、教室環境など、個々の観察者に固有の多様な着眼点で記録できる。観察者の考察なども記録される。
数量的・計量的記録	①観察カテゴリーシステムによる教授行動やコミュニケーション過程の時系列記録：授業における授業者の教授行動や教室全体のコミュニケーション過程を分析するカテゴリーに基づく観察データ。 ②学習反応データ：問題に対する学習者の回答の選択やその時間をレスポンス・アナライザ（反応分析装置）などによって収集したデータ。 ③生理的計測データ：問題に対する学習者の生理的反応を計測したデータ。

出所　大谷（2000）を参考に作成

2　授業記録を書き分析する

2.1　授業記録を書く意義

熟練した教員と初任教員との比較研究によれば、熟練した教員は、自分の思考や行動を対象化し言語化できるというメタ認知能力をもっています（佐藤ほか 1991）。こうしたメタ認知能力を伸ばす方法の一つが、授業記録を作成することです。

授業記録の中でも、授業実施者が自分で作成するのに最も手軽なものは文字・言語記録です。授業記録において書くべき内容には、①事実（教員と学生の言動）と②教員自らが考えたことがありますが（寺嶋 2019）、1人で記録する場合、その両方を正確に書き留めるのは大変かもしれません。まずは、授業中や授業後に気がついたことをノートや教材に簡単にメモすることから始めましょう。

しかし、このようなメモは散逸したり、見返すことがないままに廃棄されたりすることもよくあります。それを避けるには、授業日誌を書いたり、授業案に記録したりするとよいでしょう。

2.2　授業日誌を書く

教員が自らの授業を記録する方法として、授業日誌法があります。授業日誌法とは、「教師自らが1日の実践を振り返り、覚えていることをできるだけ詳しく記述するという方法」です（浅田 1998）。

日誌を書く（ジャーナル・ライティング）という行為は、「書かなければ忘却されてしまう出来事に、当事者が働きかけ、自身が経験された意味を取り出す行為」のことです（玉井ほか 2019）。その意義は、経験そのものには姿形がないので、記録するという営みによって初めて経験として言語化され、振り返りが始まることにあります。また、記録されていれば、自己内で、あるいは他者と一緒に、「問いかけを出発点に自らの実践の意味を対話的プロセスを経つつ深めて」いくこともできます。さらに、「実践者だけでなく参加するコミュニティのメンバーのリフレクション技術が高まる」ことも期待されます。

具体的には、①よく記憶されている出来事それ自体の記述、②今までの研究知見や実践者自身の見方から引き出された出来事の解釈や判断、③出来事にみられる教授上の示唆の3点を記述します（浅田 1998）。

授業日誌は連続性があるため、授業や学生の状況の変化を捉えやすいといえます。また時々見直すことによって、授業をメタ認知する機会を得ることができます。

授業のどの部分に着目するかによって、日誌の形式は異なります。表10は学生全体の様子と教員の言動に着目したもので、1日に担当する授業が1枚にまとめられたものです。担当コマ数が多く、科目ごとに日誌をつけるのが難しい場合に使用するとよいでしょう。一方、表11は個別学生の言動に着目したものです。すべての授業においてこの形式の日誌をつけるのは大変な手間がかかりますが、少人数の演習形式の授業など、個別学生への丁寧な対応が求められる授業に使用するとよいでしょう。これは成績評価をつける際にも役立ちます。

2.3　授業案に記録する

効率的かつ効果的に授業改善を行うという点から考えると、事前に作成

表10　授業日誌の記述例(1)

20XX年4月23日(火)			
時間・科目名	**具体的な出来事**	**出来事の解釈や判断**	**示唆**
教育学概論	後半は寝ている学生が多い。特に後方座席。	内容が学生にとって難しかったかもしれない。	講義は15分以内に収めるべき。
教育学基礎演習	全員出席。積極的に参加していた。	前回の授業終了後の茶話会が人間関係を円滑にした。	次回以降もこの雰囲気を維持したい。

表11　授業日誌の記述例(2)

教育方法学演習					
学生氏名	**1回目**(4/9)	**2回目**(4/16)	**3回目**(4/23)	**4回目**(5/7)	**5回目**(5/14)
A	／	遅刻。終了後に個別指導。	出席。発言なし。打ち解けられていない。	次回休んだら、個別に要連絡。	欠席。電話つながらず。Bに声かけを依頼。
B	将来は中学国語教師を目指す。リーダー候補。	積極的に発言。褒めると笑顔に。	発表担当。よく調べている。意見部分もユニーク。	出席	出席
C	おとなしい。高校時代は野球部部長。	出席	鋭い発言あり。	出席	発表担当。よく調べているが要約力が弱い

*表中の／は当該学生が欠席したことを意味する。

した授業案に気づいたことを書き込む方法も有効です。授業案とは、「授業を実施する前に、授業の目標や展開の道筋などを、一定の書式に従って書き表したもの」(柴田 2000)です。学習指導案、指導案、教案、レッスンプランとも呼ばれます。授業案があると、計画と実際のギャップを把握することができます。このギャップこそが授業改善点になります。このように、授業で展開される一つひとつの出来事に対してより自覚的になることが、授業案を作成する意義といえます。また、授業記録として動画を撮影する場合は、後から映像を見返す際に授業案があると対応関係がわかりやすく非常に便利です。

もちろん、毎回の授業で授業案を作成するのは大変です。初めて担当する授業や、新たな教育方法を試す授業、同僚とともに教える授業など、特に改善が期待される授業において作成するのが現実的です。

表12は一般的な授業案です。授業の属性のほか、目標と評価方法、そし

表12　授業案の例

授業担当者氏名：栗田佳代子	**作成日**：20xx年6月1日
授業科目名：量的データ解析法 II（4/15）回目	**場所**：教育学部101教室
学年数：学部3-4年／**登録者数**：30名／**受講者数**：30名	
今回のタイトル（トピック、テーマ）：偏相関と重回帰分析：重回帰分析の仕組み	
今回の目的：重回帰分析の仕組みを理解する	

目標	評価方法
①重回帰分析をベクトルで理解し説明できる ②従属変数と独立変数の関係が十相関係数に及ぼす影響について説明できる ③多重共線性の発見法と解決法を説明できる	①模型の完成、翌週の小テストによる確認、期末テスト ②模型による相互説明、翌週の小テストによる確認、期末テスト ③翌週の小テストによる確認、期末テスト

経過時間（所要分）	構成	トピック	詳細	方法	留意点	教材・教具
(0:15)	開始前	授業準備	配付資料セット、到達目標の板書			
0:00 (0:05)	導入1	復習	口頭による前回の復習	説明 教え合い	2-3人で答え合せ	小テスト、プリント
0:05 (0:15)	導入2	概要説明 目標提示	授業の見通し説明、これまでの内容との接続、到達目標の提示	説明		ノート
0:20 (0:15)	本論1	重回帰分析 ベクトル表現	式の解説、通常の回帰式からのベクトルへの拡張	説明+板書、質問	Q1 重回帰式 Q2 予測変換の表現の特徴	
0:35 (0:20)	本論2	重回帰モデル、模型作製	重回帰モデルの模型作り 1. x_1, X_2,yをつくる 2. 白紙にのせる 3. eの決定 4. hat{y}の決定 5. b_ 1x_1,b_2x_2の決定	演習	乾麺と紙粘土、モールを使い重回帰式モデル作成、周囲と相談可	乾麺 紙粘土 モール 白紙
0:55 (0:15)	本論3	重層関係数の特徴	従属変数との相関と重相関係数、独立変数間の相関と重層関係数	現物提示、説明、板書、質問	模型を動かしながら理解、 周囲と相談可 Q3 それぞれ重層関係数の変化を推測	模型 ノート
1:10 (0:15)	本論4	多重共線性	多重共線性について、特徴と対策	模型を使いながら説明+板書+質問	模型を動かしながら理解	模型ノート
1:25 (0:05) 1:30	まとめ	まとめ	全体のまとめ 宿題提示 次回のプレビュー	説明		

て経過時間に沿って教員の行動と学生の行動を書く欄があります。作成した授業案は実際の授業時に手元に置いておきます。紙に印刷しておいてもよいですし、電子ファイルの場合はパソコン上に表示させておきます。そして、説明がうまくいかなかったり、思わぬ質問がでたり、学生のグループワークの時間が想定よりも大幅に異なったりした箇所があれば、その場でメモを取ったり入力したりします。授業中にメモができない場合は、終了直後に記録します。時間が経つと記憶が曖昧になったり重要なことを忘れてしまったりするので、時間を空けずに記録するとよいでしょう。

2.4　計画と実際のギャップを分析する

授業終了後には、授業案と実際の間にギャップがあった箇所について分析します。「何が起こっていたのか」「そのとき、学生はどのような様子であったか」「そのとき、自分はどのような様子であったか」について思い出しましょう。授業中に書き込まれた情報が手がかりになります。これらを踏まえて、次にどうすればよいかのアイデアを記録しておきます。ここで留意しておくべき点は、授業案どおりに進むことがよいとは限らない、ということです。ギャップが生じたことは必ずしも問題ばかりではありません。そのギャップは授業中の学生の様子を見て臨機応変に対応できた証かもしれません。

ギャップを考察する過程において、授業案として事前に設定された目的・目標も確認する必要があります。つまり、目的・目標に対応した授業が実施できたかという点について考えるとともに、そもそもこの目的・目標が適切なものであったかという点からも分析し記録しておきましょう。自分で立てた目的・目標を絶対のものとせず、常に問い直す姿勢が肝要です。

3　授業を録画し分析する

3.1　授業記録としての動画の意義

ビデオカメラやパソコンのカメラ機能を使った、授業記録としての動画は、授業改善における有用性の高いデータとなります（Penny & Coe 2004、Gaudin & Chaliès 2015、Tripp & Rich 2012）。動画には、教員の授業進行だけでなく、非言語的な振る舞いや、それに対する学生の反応など、豊かな情報が収められています。また、一度録画された授業は、時間や場所を選ばず自分以外の他者も視聴でき、反復して利用することもできます。このような動画を授業改善に利用する価値は、以下のとおりです。

第一に、課題発見の精度向上が期待できることです。たとえば、授業の振り返りは、動画があったほうがない場合と比べてより問題点に着目でき、正確です(Welsch & Devlin 2007)。

第二に、より深い分析が可能になることです。教室で生じているやりとりについて、表層的ではなく、深く実質的な内容に注目できるようになります。「実践者が観察者の視点から授業場面を再現することを可能とし、また、繰り返し再現しうることで、複眼的、発展的な観察経験の積み重ねを可能」とします(同上)。これは「専門家の視点」と定義されます。動画によって、教室で生じている特定の事象に気づき、それを知識に基づいて理由づけしたり解釈できたりするようになります(Blomberg et al. 2011)。

第三に、動画について他者と対話を行うことは、メタ認知の意識化にも効果があります(Charteris & Smardon 2013)。

ただし、授業の動画に収められている情報は膨大です。授業改善につなげるためには、目的に応じた方法で撮影する必要があります。また、動画を漫然と視聴するのではなく、観点を絞り込んで視聴する必要があります。

3.2　動画を活用した授業改善法

授業改善を目的とした動画撮影については、これまで初等・中等教育機関において多くの方法が試されてきています。教員が撮影された動画を問題場面で一時停止しながら振り返るストップモーション方式(藤岡 1991)や、授業後に動画を再生しながら各授業場面での自らの内面過程を思い出す再生刺激法(吉崎 1995)といった手法が確立されています。

動画を活用した授業改善を行うにあたって大きな課題となってきたのが、再生と編集の手間です。撮影した動画を最初から再生するには時間がかかります。見やすくするために編集をするとなれば、さらに時間がかかります。ビデオカメラを複数使用して撮影した場合には格段に手間が増えます。こうした問題を解消すべく、ビデオカメラとICT機器を組み合わせることにより、メモやマークを付けながら動画撮影を行い、再生を効率化できるシステムも開発されています(中島 2008、寶理ほか 2008、加藤 2010、三浦ほか 2012、佐伯ほか 2018)。

また、パソコン、タブレット端末、スマートフォンのカメラ機能ならびにZoomやWebexなどのウェブ会議システムを組み合わせて使用することで、効率的かつ効果的に動画を再生・編集することが可能です。とりわけ、ウェブ会議システムを使えば授業中の自らの姿をパソコンに映すことができるため、授業を実施しながら観察・分析を行い、その場で行動を変えるというように、短時間で連続した授業改善を行うことができます。

3.3　動画の撮影手順

ここでは教員がビデオカメラ、パソコン、タブレット端末、スマートフォンなどを使用して動画を撮影するための基本的な撮影手順を説明します。

1｜学生に説明し許諾を得る

動画撮影にあたっては、そこに映る学生に事前に説明しておく必要があります。動画を自分の授業改善のためだけに使い、外部には公開しないこと、成績評価には使用しないことを約束し、その上で許諾を得ましょう。これらは文章で明示し、そこに署名をしてもらった上で保管しておくのがよいでしょう。もし、撮影者がほかにいる場合は、そのことも学生に伝えておきましょう。

学生から許諾を得るということは、学生の肖像権を侵害しないという倫理的な配慮のためですが、きちんと説明をしておかないと、学生が撮影されていることを過剰に意識してしまい、本来の学びを妨げてしまうことになりかねないためでもあります。学生がビデオカメラを意識して通常とは異なる言動をとってしまうと、授業改善のためのデータとして信頼できるものではなくなってしまいます。

また、ウェブ会議システムには、学生の顔を表示させないビデオオフ機能もあります。学生の不安解消のためにも、状況によってそれを使うことも検討しましょう。

2｜撮影機材を準備しセッティングする

動画撮影のために機材のセッティングを行います。授業自動収録機能のある教室を有している大学では、教員は特別なことをしなくても授業の動画が収録されます。しかし、そのような教室がない場合、撮影機材を各教員が準備しセッティングする必要があります。

その際は、教室後方から教員自身の言動を撮るビデオカメラと、教室前方の隅から学生の表情や行動を撮るビデオカメラの2台を用意するとよいでしょう。しかし、カメラを1台しか用意できない場合や、手間を省きた

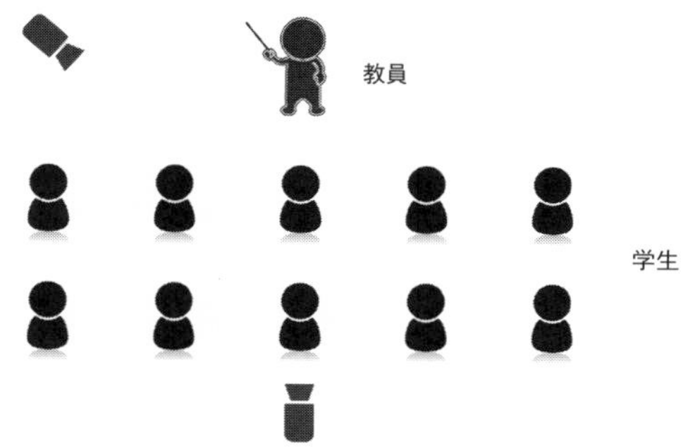

図8　授業撮影時のカメラの位置

い場合には、どちらか1台でも構いません。

どちらの位置にビデオカメラを配置するかは、授業改善の目的によります。主に教員としての自分自身の言動を撮影したい場合には後方からのカメラ、学生の言動を撮影したい場合には前方からのカメラを配置します。後方からのカメラであれば、学生の後ろ姿を含めて撮影することができます（図8）。

撮影をするのが教員本人であるときはもちろんですが、他の人が撮影する場合であっても、三脚を使ってカメラを固定するとよいでしょう。ブレのない見やすい映像を撮影できます。ブレがある映像を再生すると視聴者の気分を悪くさせることがあります。また、教員が頻繁に教室を動く場合、画面に映っていないことがあります。教員が画面に収まる位置にカメラを置きましょう。

教室が広い場合には、教員自身の声が聞き取れない場合もあります。確実に収音できるように専用のマイクを使用したほうがよいでしょう 。

3｜動画を撮影する

基本的には固定されたビデオカメラですべての授業時間を撮影するのがよいでしょう。一部の場面しか撮影する必要がない場合でも、学生に録画状態に慣れてもらうために授業全体を撮影しましょう。授業開始と同じタイミングで録画を開始すれば、経過時間と授業進行が一致して便利です。

グループ・ディスカッションの時間は、ビデオカメラを手に持って、学生の表情や話している様子を撮影してもよいでしょう。その際は、手首を固定することでブレを防げます。ほかに撮影者がいれば、全体の映像とグループの映像を頻繁に切り替えることも可能です。

4｜動画を保存する

撮影が終了したら、動画データを保存します。ファイル名は検索しやすいよう「20xx.05.16_心理学入門_4.mp4」というように録画日時や科目名を記しておきます。また、当該ファイルが保存されているフォルダには、動画の録画日時や科目名、録画時間、授業概要や授業案を一緒に保存しておくと、利便性が高まります。ファイルの数が多いほど、こうした一手間が役立ちます。

3.4　動画を分析する

撮影された動画には膨大な情報が含まれています。ここから意味のある要素を抽出し、授業改善に活用するためには、その動画を分析するための観点が必要です。まずは、授業実施者にとって最も気になる話し方や立ち居振る舞いといった教育スキルについて、次のような観点で振り返りましょう。

- ・声の大きさは適正か
- ・話すスピードはちょうどよいか
- ・聞き取りやすい話し方であるか
- ・重要な部分は強調するなどメリハリをつけて話せているか
- ・間をおいた話し方ができているか
- ・良い姿勢が保てているか
- ・身振り手振りを効果的に使えているか
- ・表情を豊かにできているか
- ・視線は固定されておらず全体を見渡せているか
- ・学生の発言に適切なフィードバックをしているか
- ・学生への指示は明確か

次に、授業中には十分に観察しきれなかった学生の言動に注目して、次のような観点で振り返りましょう。

- ・学生の表情はどうか

・学生の視線はどこを向いているか
・手元ではどのような作業をしているか
・ディスカッションへの参加度合いはどうか
・集中力が高まったり低くなったりするのはどのような場面か

こうした観点で動画を分析した後には、次のような理念や知識に関する観点で、より深い分析をしてみましょう（Welsch & Devlin 2007）。

・あなたが目標に掲げていたことを学生はどの程度学びましたか。また、それをどのように知ることができますか
・あなたの教え方や技法はどんなふうに効果的でしたか。また、それをどのように知ることができますか
・もう一度同じ学生にこの授業をできるとしたら、どのように授業を変えますか。同じ授業をしますか。それはなぜですか
・この授業に基づいて、次回の授業をどのように計画しますか
・この授業においてよくやっていたと思う個人あるいはグループは誰、どのグループでしたか。彼ら・彼女らのどの部分をそのように評価しましたか
・この授業において困難を抱えていた個人あるいはグループは誰、どのグループでしたか。彼ら・彼女らのどの部分をそのように評価しましたか。また、目標の達成のために彼ら・彼女らをどのように支援できますか

5章

授業評価アンケートをとる

1　授業評価アンケートを授業改善に活用する

1.1　授業評価アンケートの位置づけ

自分の授業を知るための方法には、三つのタイプがありました(4章参照)。このうちタイプ2は、他者との相互作用をもとに、その他者のものの見方との比較を通じて授業を知るというものでした。毎回の授業を観察しているのは授業担当教員と学生だけであり、学生の意見は、6章で扱う学習成果と同様、授業改善のための最も重要なデータの一つであるといえます。本章では学生による授業評価アンケートを授業改善に活用する方法を、次章では学生の学習成果を観察・分析することで授業改善につなげる方法を説明します。

学生による授業評価といったとき、まず思い浮かべるのは、授業科目ごとに行われる授業評価アンケートでしょう。授業評価アンケートとは、授業に対する学生の評価を測定する質問紙調査のことです。多くの場合、所属組織によって実施されますが、それとは別に教員が独自に実施することもあります。

授業評価アンケートは、心理学の観点から捉えると、学生の主観を測定するための質問紙法による心理検査の一種といえます。こうした主観の測定に関わる項目作成や分析方法はテスト理論を基盤としており、そこでは項目作成において信頼性や妥当性のあるものを使用することが推奨されています。

先行研究によれば、「学生授業評価は統計的に信頼性があり、使用法も妥当で、他の評価法と比べてバイアスもコントロールの必要性も少なく、授業改善にも人事にも役立つ」ことが結論づけられています(Marsh & Roche

1997、Cashin 1999)。よって、授業評価アンケートは信頼度の高い「授業改善のためのツール」として活用できることが明らかになっています(大山 2007、安岡 2007、澤田 2010、米谷 2007)。

1.2　授業評価アンケートの歴史

授業評価アンケートの歴史を遡ると、1920年代の米国にたどり着きます(大山 2007)。当時、大学教育に関する学生と教員の共同調査によって「教員の望ましい特性」が検討され、授業評価の実験が開始されました。その当時は、「学生が判断する学生にとっての教員の価値をそのまま、その教員が大学や社会に対して持っている価値としてみなしてはならない」とされていました。授業評価はあくまで教員が自分の授業を振り返るためのものであり、管理職によって強制的に使用されてはならないとされていたのです。一方、学生の主観的判断こそが、学びの環境を構成する重要な要因であるともされていました。

その後、シカゴ地域を中心に、産業界から大学への教育の質保証の要求が高まる中、授業評価アンケートを教員の教育業績評価に使用する動きがみられるようになります。そして、1970年前後、世界的に学生運動が展開され、大学のユニバーサル化と競争の激化が進行していきます。このような中、学生のニーズ把握とそれに対応するサービス提供のための根拠資料とするために、授業評価アンケートは米国国内に急速に普及していくことになりました。

この歴史から、「授業評価の根本的な発想は、管理統制でも学生消費者主義への迎合」でもなく、「学生と教員の学問共同体としての大学を守り、新たに生まれ変わらせていくためのもの」であったことを記憶に留めておく必要があります(同上)。

1.3　日本の授業評価アンケートの特徴

日本で最初の授業評価アンケートは、1974年に国際基督教大学の一部の教員たちの自主的な取り組みにより始まったとされます。1984年には東海大学においても同様の取り組みが開始されました(安岡ほか 1999)。初めて組織的に授業評価アンケートの導入を行ったのは1988年の国際基督教大学で、これを皮切りとして1990年の多摩大学、慶應義塾大学湘南藤沢キャンパス(井下 1993)が続きました。そして1990年代前半以降、授業評価アンケートは各大学に急速に普及していきます。1993年には東海大学が全学に導入しました。

文部科学省の調査によると、学生による授業評価を実施した大学は、国立86校(100%)、公立89校(100%)、私立589校(約99%)、国公私立全体で764校(約100%)です。中でもすべての学部で実施した大学は735校(約96%)であるとされ、今やほぼすべての大学で実施されています(文部科学省2020)。また、「授業アンケートの結果を組織的に検討し、授業内容等に反映する機会を設けている」と回答した大学は506校(約66%)にのぼります。

ここまで日本の大学に広く普及した理由は、各教員や大学の自発的な取り組みに加え、教育政策の後押しによるところが大きいといえます。1991年の大学審議会答申「大学教育の改善について」、大学設置基準の大綱化に伴う自己評価・自己点検の努力義務化、1998年の中央教育審議会答申「21世紀の大学像と今後の改革方策において」における第三者評価システムの導入、2004年からの認証評価制度の開始といった各政策において、授業評価アンケートの実施の必要性が繰り返し主張されてきました。

こうした背景から、日本の大学における授業評価アンケートは、社会に対する説明責任の一部として実施されているという性格が色濃いものになっています(山地 2007)。このため、授業評価アンケートを、「押しつけられたもの」「評価される憂鬱なもの」と捉えている大学教員が少なからずいることも事実です。

1.4 授業評価アンケートの機能と目的

日本と米国の大学における授業評価アンケートの機能は以下のように整理されています(田口 2007、Marsh 1987)(表13)。

日本での授業評価アンケートと比較すると、米国の授業評価アンケートは「診断的なフィードバック」や「授業研究に関する成果あるいはプロセスの記述」など、授業改善に資するためのツールとしてより具体的な機能

表13 授業評価アンケートの機能の日米比較

日本での機能(田口 2007)	米国での機能(Marsh 1987)
・意識改革の起爆剤 ・授業改善の指針 ・コミュニケーションのツール ・教育業績を示す根拠データ ・アカウンタビリティの根拠・	・大学教員の行う授業の効果についての診断的なフィードバック ・教育力に関する人事評価用の尺度 ・教員あるいは授業科目の選択に関する情報 ・授業研究に関する成果あるいはプロセスの記述

をもっていることがわかります。

また、授業評価アンケートの結果は、「教育業績を示す根拠データ」や「人事評価用の尺度」の一部にもなります。たとえば、ティーチング・ポートフォリオでは、優れた授業の根拠資料として授業評価アンケートの結果がよく用いられます。

2　授業評価アンケート結果を分析する

2.1　評定尺度項目の結果を分析する

授業評価アンケートは、一般的には、「評定尺度項目」と「自由記述項目」から構成されています。前者は、たとえば、「教員は学生の理解度を確認しながら授業を進めましたか」という質問項目に対して、「大変そう思う・そう思う・どちらでもない・そう思わない・全くそう思わない」の5段階、あるいは「はい・いいえ」の二択で回答するものです。後者は、「この授業について良い点や改善点を記述してください」という項目に対して文章で自由に回答するものです。

まずは、評定尺度項目の結果をどのように分析し、そこからどのように授業改善に結びつけていくかについて見ていきましょう。

1｜平均値・標準偏差と回答割合・回答人数から読み取れること

授業評価アンケートが教員に返却されるとき、多くの場合は集計結果が届きます。各評定尺度項目の結果として一般的に表示されているのは、平均値と標準偏差でしょう。

平均値はデータの中心を表す代表値の一種で、平均値を知ることにより、その項目への学生全体の回答傾向の「重心」を把握することができます。

一方の標準偏差は、データが平均値を中心としてどのくらいばらついているのかを表す指標です。標準偏差が小さいほどばらつきが小さく、標準偏差が大きいとばらつきが大きいことを表します。同じ平均値であっても、標準偏差が大きい場合にはその項目に対する学生の反応がばらついていたことを示します。たとえば、評定尺度が「そう思う(4)」「どちらかといえばそう思う(3)」「どちらかといえばそう思わない(2)」「そう思わない(1)」の4段階であったとします。項目Aと項目Bの平均値を比較すると、平均値が同じ「3」であったとしても、標準偏差がそれぞれ「0.2」と「1」であれば、項目Bのほうが学生の反応にばらつきがあるということになります。

このような場合、各学生に対して異なる対応が必要になります。たとえば、授業の難易度に関する項目において標準偏差が大きい場合、難易度の感じ方にばらつきがあることを意味します。その場合、「易しい」と感じる学生には高レベルの追加課題を出したり、「難しい」と感じる学生にはわかりやすい参考書を紹介したりすることが考えられます。

また、「『あてはまる』が30%」といったように選択肢ごとの回答割合あるいは回答人数が示される場合もあります。これらの数字により、どの選択肢をどの程度の人が選んだのかを容易に把握することができます。たとえば、授業の総括的な満足度を問うている項目に対して、「全く満足していない」という否定的な回答傾向を示す学生がいるかどうかについては、平均や標準偏差ではなく、尺度ごとの回答割合や回答人数を確認するとよいでしょう。

ただし、項目ごとに値が得られても、その高低を厳密に判断することはできません。他の項目、他の授業科目、学部・学科全体と比較をすることで、当該科目の特徴が明らかになり、改善の方向性が見えてきます。

2｜学部・学科全体との比較から読み取れること

評定尺度項目における平均値や標準偏差は、自分が担当している授業科目だけでなく、学部・学科など組織全体についても表示されていることがあります。実際、単一の授業科目だけでは、その結果が低いのか高いのか判断がつきません。たとえば、ある項目について5段階の評定尺度で4.0という評価が得られていても、学部の平均が4.8であれば、学生が高い評価をしていない可能性があります。

学生は毎学期複数の授業を受けているため、他の科目と比較をした上で当該科目の評価を行っています。学部や学科の平均値と比較して明らかに低いと思われる項目については、改善する必要があるものとして認識するとよいでしょう。

3｜項目間の相関分析から読み取れること

ある項目の平均値が低かった場合には、その項目と相関関係がある項目を分析することで、授業改善の糸口をつかむことができます。相関関係とは、項目A・Bがあるとき、A・Bへの学生の回答についてAが高いときBも高い（Aが低いときBも低い）、あるいは、逆の関係すなわちAが高いときBが低い（Aが低いときBが高い）という関係があることをいいます。この相関関係は、相関係数という指標で表すことができます。相関係数は、－1から1までの値で表され、1に近いほど「Aが高いときBも高い（Bが高いときAも高い）」という関係（正の相関）、－1に近いほど「Aが高いときBが低い（Bが低いときAが高い）」という関係（負の相関）があることを意味します。0の場合は「相関がない」ことを意味します。

たとえば、「授業中はその授業の学習に集中していた」という項目の平均値が低いとします。このとき、この項目と相関関係の大きい項目、つまり相関係数が大きい項目を抽出することで、その項目における改善ができないかを検討してみます。たとえば、「教員の話は興味深かった」「有益であると思った」といった項目との相関係数が大きいことがわかったとすれば、授業内容を工夫することで学習への集中度を高めることができるかもしれません。

ただし、相関関係の把握に用いられる相関係数は、一般的な授業評価アンケートの集計結果には掲載されていない場合が多いです。担当者に開示を要求するか、当該授業の全学生のデータをアンケート担当者から入手して自分で計算する必要があるかもしれません。

4｜評価観点の分析から読み取れること

これまで扱ってきた評定尺度項目ごとの分析は、細かな考察には向いていますが、項目数が多くなると大変です。各項目は「教員の熱意」や「学生

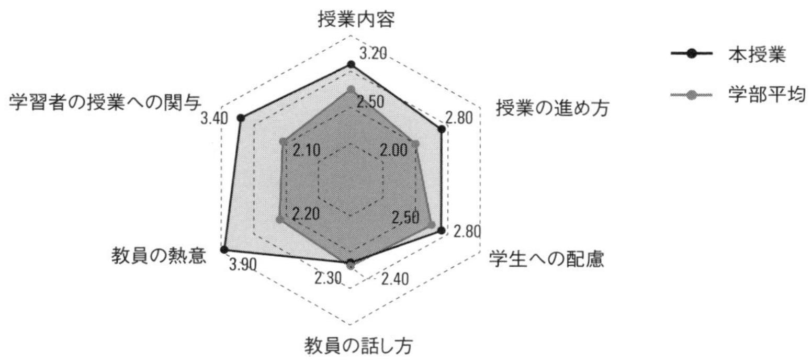

図9　レーダーチャートによる表示例

表14　評価観点ごとの指標の表示例

評価観点	回答者数	本授業の平均（標準偏差）	学部平均
授業内容	60	3.2（0.85）	2.50
授業の進め方	60	2.8（0.98）	2.00
学生への配慮	60	2.8（1.12）	2.50
教員の話し方	60	2.3（0.87）	2.40
教員の熱意	60	3.9（0.64）	2.20
学習者の授業への関与	60	3.4（0.58）	2.10

の授業への関与」といった括りで、似たような項目がまとめられて観点となります。表14のように評価観点ごとに整理された状態でデータが提供される場合もあります。

多くの授業科目を担当している場合、こうした観点ごとの分析を行うことで、授業改善に必要なデータを得ることができます。観点ごとの平均はレーダーチャート形式で提供されることが多いので、分析しやすいでしょう（図9）。

5｜平均の比較からわかること

自分の授業評価アンケート結果を学部・学科の結果と比較することで特徴が見えてくることについてはすでに述べました。では、どのくらいの差であれば「差がある」といえるのでしょうか。

そもそも授業評価アンケートで得られる数値には誤差が含まれています。同一の授業に対する授業評価アンケートを複数回行った場合、全く同じ回答が得られるとは限りません。学生のその日の気分や体調・天候など、授業以外の要因によっても回答にブレが生じる可能性もあります。こうした回答のブレにより、その授業の平均値にはばらつきが生じます。したがって、平均を比較する場合には、この平均値のばらつきを考慮する必要があるのです。

このばらつきを平均値の標準誤差といい、その項目の標準偏差とデータ数（授業評価アンケートのその項目の回答数）があれば以下の式で簡単に求められます。

$$\text{平均値の標準誤差} = \frac{\text{標準偏差}}{\sqrt{\text{データの数}}}$$

先の表14の「教員の話し方」を例に説明します。学部平均2.4に対して自分の授業の平均は2.3です。この結果から、学部平均に比べて0.1ポイント分劣っているといえるのかを考えます。

この場合、データ数が60、標準偏差が0.87であることから、上の計算式にあてはめると、この授業の「教員の話し方」の平均値の標準誤差は0.11となります。ということは、この個別授業の平均値である2.3を基準として、おおむね±0.11の範囲で平均値がばらつく可能性があるということです。学部の平均値2.4は、この授業の平均値がばらつく範囲(2.19-2.41)に含まれていることから、この授業は学部平均値と比較して大幅に劣っているとはいえません。したがって、0.1ポイントの差で一喜一憂する必要はありません。

また、学部平均値を出す場合、平均値の性質上、平均を下回る授業も必ずでてきます。つまり、学部平均値が高ければ、授業の質がどんなに高くても「平均値より劣る」と解釈される授業が出てくることに留意する必要があります。

2.2　自由記述項目の結果を分析する

授業評価アンケートでは、評定尺度項目の後に自由記述項目が設定されていることが一般的です。ここからは、自由記述項目の分析と改善策の検討方法を見ていきましょう。

まず、自由記述項目に書かれたすべての記述内容に目を通しましょう。そうすることで、自由記述で語られていることの全体像を把握できます。その際、授業改善に役立ちそうなコメントに下線を引いたり印をつけたりしておくと、後で読み返すときに便利です。また、評定尺度項目の結果と照らし合わせて分析するとよいでしょう。たとえば、評定尺度項目を低く付けている学生の自由記述を見ることで、改善のポイントが見えてくるかもしれません。

容易に改善できるものであれば、この段階で変更してしまいましょう。たとえば、翌年度のためにシラバスを変更したり、教材を作成し直したりすることはすぐにでも可能です。

本格的な授業改善のために自由記述を詳細に分析したいのであれば、手書きの記述内容をパソコンで文字にしたりグループ化したりするなど、整理を行います。

また、自由記述をデータ化して、統計ソフトを使って計量的な内容分析を行うこともできます。これは、テキストマイニングと呼ばれる研究手法です。どのような言葉が多く出現し、どのような言葉が一緒に出現するのか、などを把握することができます。

一方では、自由記述は学生の生の言葉であるために、強い印象を残します。とりわけ授業を強く批判するコメントにダメージを受ける教員も少なくありません。中には、そのような経験があるために、アンケートを実施しなくなったり、結果を見なくなったりする教員もいます。少数の意見が貴重な場合もありますが、少数の極端な意見に振り回されないようにしましょう。そのためにも、自由記述を量的に分析して、冷静に客観的に捉える視点が重要です(中村 2007)。結果を客観的に分析するためには、同僚に批判的なコメントがあったことを話すことも有益です。他の教員も特定の学生から同じようなコメントをもらっていることが判明することもよくあります。

また、評定尺度項目、自由記述項目のいずれにおいても、授業改善に活かすためには、アンケート結果の経年比較をすることが有用です。毎回学生から指摘される改善点については、最も優先度の高いものとして捉える必要があります。

2.3 授業評価アンケートに影響する要因

授業の質とは無関係に授業評価アンケートに影響を及ぼす要因があることが、先行研究から明らかになっています。これらの要因を知っておくことで、客観的に結果を解釈することができます。ここではその主たる要因を紹介します。

1 | 必修科目か選択科目か

授業科目が必修なのか選択なのかは、授業評価に影響するといわれています。具体的には、選択科目のほうが授業評価結果はよくなります。自らの興味・関心に基づいて授業を選択することが可能であるためと考えられます(Feldman 1978、Scherr & Scherr 1990)。

2｜受講者が多いか少ないか

授業のクラスサイズについては、受講者数が少ないほうが授業評価アンケートの結果が高い傾向にあります(Feldman 1978、高橋ほか 2005)。しかし、その影響が及ぶ評価項目は、グループの相互作用や教員との信頼関係に限られる、という報告もあります(Marsh 1987)。一般的に、受講者が少なければアクティブラーニングを取り入れやすくなりますし、教員と接する機会を多くもつことができるといえますから、このような結果になることも容易に予想できます。

3｜どのような専門領域か

当該授業の専門領域も授業評価アンケートの結果に関係があるとされています。特に数学や物理学をはじめとする理系分野の授業科目については、授業評価アンケートの結果が低くなる傾向にあります(Ramsden 1991、安岡 1995)。難易度が高かったり、必修科目であることが多かったりすることが原因として考えられます。よって、分野を超えた比較はすべきではないとされています(Ramsden 1991)。

4｜記名式か匿名か

記名式の授業評価アンケートの場合には、匿名の場合と比較して、評価が高い傾向にあります(Feldman 1978)。しかし、これについては、授業評価アンケートの実施時期が成績評価の前後かどうかや、記入内容は研究目的のためだけに用いられるという教示の有無などの要因の影響を受けるともされています(同上)。

また、授業評価アンケートに対しては、「学生は未熟だから授業や教員を正しく評価することはできない」「授業評価は人気コンテストであり、単にあたたかくて親しみやすくてユーモアのある人が毎回勝者となる」「授業評価アンケートは信頼性・妥当性は低い」といった、大学教員による「思い込み」があります。しかしながら、それらの多くは研究により否定されています(Aleamoni 1999)。

3　授業評価アンケートを見直す

3.1　アンケート項目を見直す

授業評価アンケートを授業改善に活かすためには、現状の授業評価アンケートが信頼性や妥当性の高いものになっている必要があります。大学が実施している授業評価アンケートがそうなっていない場合は、授業を正確に観察したり分析したりすることができません。そのため、実施責任部署に修正を依頼したり、独自のアンケートを実施したりする必要があるかもしれません。ここではそのような場合を想定して、教員個人でも取り組める、授業評価アンケートを見直す方法について見ていきましょう。

まず評価項目をあらためて見直してみましょう。アンケートを行う目的によって、アンケート項目の内容や数は異なります。教員向けの実施依頼文には、「授業改善のため」や「教育の質を向上するため」といった目的が書かれています。この目的に照らしあわせてアンケートを見直していきます。

米国において、授業の質を高めることを目的に提案され、信頼性や妥当性も検証されているのが以下の評価項目です(Marsh 1987)。これらの項目は、単一の項目として設定されることもあれば、複数の項目からなる観点として設定されることもあります。

- 受講価値:知的好奇心をかきたてられる授業であるか
- 教員の熱意:教員が熱意をもって授業をしているか
- 体系性:授業はよく準備され、体系立てて授業が展開されているか
- 個人的な信頼関係:教員は学生個人に対して親しみやすく接しているか
- グループの相互交流:学生はクラスでの議論に積極的に参加するよう促されているか
- 授業内容の奥深さ:教員は内容の背景や起源などにもふれているか
- 成績評価:試験や成績評価対象の課題へのフィードバックは価値があるか
- 宿題:課題は授業内容の理解を促すものになっているか
- 授業負担と難易度:授業の難易度はどうか

一方、1994年から2003年までの間に日本の69大学で使用された授業

表15　日本の大学の授業評価項目

領域	代表的な項目（件数）	項目数	質問数（%）
教育方法	「明瞭な説明」（73）、「教材」（46）、「学生参加の促進」（39）	31	514（30.7）
学習者	「出席（遅刻）状況」（67）、「意欲的取組」（55）、「受講態度」（37）	16	371（22.1）
教員資質	「熱意」（70）、「授業準備」（39）、「計画に沿った授業」（36）	10	262（15.6）
教育・学習成果	「理解」（53）、「関心（興味）喚起」（47）、「意欲触発」（23）	25	206（12.3）
教育内容	「難易度」（51）、「進度」（33）、「体系性」（23）、「量」（20）	8	193（11.5）
授業	「満足度」（57）、「教室環境」（11）、「雰囲気」（14）	8	129（7.7）
	計	98	1675（100）

出所　串本（2005）p.127 表2

評価アンケートの1685項目の特徴について調べた研究があります（串本2005）。これによれば、日本の授業評価アンケートには以下のような項目があります（表15）。米国の項目との大きな違いは、学習者自身の自己評価を問う項目が入っていることです。これによって、学習意欲や受講態度について本人の振り返りを促すことができます。その項目の回答状況によって他の項目の回答の信頼性を診断することもできます。

米国と日本でともに一般的な授業評価アンケート項目は、教員の教える行為（教授活動）に焦点が当てられていますが、学生の学ぶ行為（学習活動）、とりわけ深い学びに焦点を当てたアンケート項目もあります。深い学びをもたらすための授業評価アンケート項目として以下のものが提起されています（エントウィルス2010）。

・どうしたら、授業内の重要な情報をより深く理解できるかを考えていた
・私が学んだことの多くは、私の中では断片的で、一つひとつに関連性がない
・私は、新しい概念を理解する過程で、現実や日常の出来事との関係をよく考えた
・振り返ってみると、なぜこの授業をとったのか、わからないことが時々あった
・この授業で何を私が学ぶかは、明確だった
・教えられたものと、学ぶ予定だったものとは一致していた

- 学んだことを、より広い世界の問題に結びつけたいという気持ちになった
- 教員は、その学問への熱意を学生たちと共有しようとしていた
- 教員は、理解が難しい事柄を粘り強く説明していた
- 学生たちの意見が尊重されていた
- 宿題に対するフィードバックは、私の学習方法を改善する手助けとなった
- 学生たちは互いに助けあっていたし、必要なときには助けようとした
- この授業で学んだことは、とても興味深いものであった
- この授業をとって楽しかった
- あなたはどの程度よく学びましたか。成績結果やフィードバックをもとにあなた自身の学習を客観的に評価してください

他大学で実施されている授業評価アンケートの項目と比較して自大学の授業評価アンケートを見直すと、「知りたいことに関する項目がない」という場合もあります。その場合は、実施責任部署に、項目の追加や変更を要望したり、自分自身で独自のアンケートを実施したりするとよいでしょう。

3.2 実施方法を見直す

教員は授業評価アンケートをいつ実施しているでしょうか。おそらく最終回の授業の最後の数分を使って実施するのではないでしょうか。このような時間帯に実施すると、学生は早く教室から退出したいという気持ちを抱きながら授業評価アンケートに記入することになり、記述内容の信頼度が低くなります。実施するタイミングを変えてみましょう。

授業の最後ではなく、冒頭あるいは中盤で実施してみましょう。この時間帯だと集中力が持続しているはずです。また記述のための時間は最低でも10分は確保しましょう。また、回答用紙を配付する際には、授業評価アンケートの目的を伝え、教員自身が自分の言葉で授業改善に活用する気持ちがあることを丁寧に伝えましょう。

オンラインでの授業評価アンケートの場合、授業外の時間でも入力できることから、授業中に実施しない教員もいます。その場合、回答率は低くなりがちです。紙を配付する場合と同様、時間を確保して、パソコンやスマートフォンでその場で入力してもらったほうが回答率を高くできます。

3.3　複数回実施する

授業評価アンケートは学期末に行われることが多いので、事後評価になります。事後評価としての授業評価アンケートは多くの大学で定着したといえますが(牟田 2003)、学生からのコメントを直接授業に反映できないため、その授業を受講している学生への直接的な恩恵はありません。

この欠点を解消するのが、授業の中間期に行う授業評価(中間授業評価)です。中間授業評価は、授業改善、特に授業技法や学生へのフィードバックに関して効果があるとされています(Cohen 1980)。簡単なアンケートを教員自身が実施するだけでもこの目的は達成されます。

また、ミニッツペーパーの活用も考えられます。ミニッツペーパーとは、授業中に学生に記述してもらう質問紙のことです(デイビス 2002)(図10)。名前のとおり数分で回答可能な少数の項目で構成されているのが特徴です。中間期だけではなく、毎回の授業で実施している教員もいます。授業改善を目的とする場合には匿名式のほうが率直な要望を集めやすいですが、出席確認も兼ねて記名式で回答してもらうこともできます。

記名を前提とした同様のものに大福帳があります(織田 1991)。授業のたびに学生は5行程度のコメント、字数にして125～150字程度を書き入れ、教員に渡します。教員はそのコメントに短い返事をつけて、次の授業開始時に返却します。毎回のコメントが1枚の紙に収められており、学生のコメントがどのように変化しているのかを追うことができます。この教員と学生とのやりとりがあることが、大福帳がシャトルカードとも呼ばれる

ミニッツペーパー(量的データ解析法Ⅱ)　20XX/　/

1.今日の授業で学んだことをあげてください。

2.今日の授業で疑問がわいた箇所をあげてください。

3.授業について要望があれば教えてください。

図10　ミニッツペーパーの例

理由です。

中間授業評価は、質問紙を使って実施すれば、ほぼ確実に受講者全員の回答を回収できますが、印刷・配付に手間がかかります。オンラインでのアンケートを利用することで手間を省くこともできますが、やはり回答率の低下は避けられません。

6章

学習成果を明らかにする

1　学習成果について理解する

1.1　授業改善のためのデータとしての学習成果

学習成果とは「学生が、授業科目、プログラム、教育課程などにおける所定の学習期間終了時に獲得し得る知識、技術、態度」（大学改革支援・学位授与機構 2016）のことです。具体的には、中間期や学期末に学生に課される客観テストや論述課題の回答、レポート、プレゼンテーション、実技、作品などがこれに該当します。

授業改善はデータに基づいて行われるべきだとすでに述べました。授業評価アンケートと同様、学習成果も学生からのデータとして位置づけられます。前者が間接評価であるのに対し、後者は直接評価であり、客観性も高まります。教員自身が「良い授業ができた」あるいは「改善できた」と感じていても、学生の学びにつながっている保証はありません。また、授業評価アンケートでは高い評価を得ていたとしても、学期末の試験結果が教員の予想に反し悪かったとすれば、その授業には改善の余地があるといえるでしょう。本章では、学生の学習成果を授業改善につなげていく方法について説明します。

しかし、これを行うためには、そもそも学生の学習成果を正しく評価できていることが前提条件となります。そこで、まずは学習成果の評価方法についての妥当性と信頼性を検証する方法を説明します。

1.2　学習成果の評価方法の種類

学習成果を評価する方法の妥当性と信頼性をどのように検証したらよいでしょうか。評価方法は、学習成果の種類によって異なります。どの方法を用いればよいかは、授業の目標に規定されます。担当授業のシラバスに記載された目標に対応した評価方法となっているかどうかを確認しましょう。たとえば、「新たな課題解決策を考案できる」という目標を設定しているにもかかわらず、多肢選択問題のみで評価しているとすれば、その評価方法と授業の目標は対応していないことになります。

また、授業改善のためには、複数の学習成果を検証するのが望ましいです。学習成果が複数あると、設定された目標に対して学生がどのように学んだのか、あるいは学べていないのかを把握しやすくなるからです。たとえば、客観テストなどの量的な学習成果は、受講者数にかかわらず全体の平均値などといった統計指標を容易に算出できるため、学生全体の傾向把握に適しています。一方、論述問題やプレゼンテーションなどの質的な学習成果は、個別学生の状況把握に適しています（田中 2005）。

2　学習成果の評価方法を検証する

2.1　妥当性・信頼性とは何か

学生の学習成果の評価方法が適切なものであるかどうかを検証するためには、評価方法の妥当性と信頼性を検討する必要があります。以下では主に客観テストを例に説明します。

妥当性とは、学習成果を本当に評価できているかどうかを示す指標のことです。あるテストの妥当性が高ければ、その得点は目標の達成度を的確に示しているといえます。たとえば、日本語を母語とする学生に、物理学の応用能力を評価するテストを行うとします。もし、そのテストの問題文がフランス語で記述されていた場合、そのテストが主に評価しているのは、物理学の応用能力ではなく、フランス語の運用能力となります。このように、「そのテストは本当に測定すべき対象を測定できているのか」という検証によって明らかになるのが妥当性です。

一方、目標の達成度を評価する方法には、妥当性だけでは不十分であり、信頼性も必要です。信頼性とは、評価方法の精度を示す指標のことです。その評価方法の信頼性が高ければ、学生の能力に応じた得点を正確かつ安定的に得ることができます。逆に信頼性が低ければ、同じ能力をもっているにもかかわらず、評価するたびに得点がばらつくことになります。たとえば、ものの重さを量る秤について考えてみましょう。信頼性が低い秤では、同じものを量っていても指す目盛りが毎度異なります。逆に信頼性が高い秤は同じものを量れば何度量っても同じ目盛りを指します。

多肢選択問題は、同じ難易度であれば同じ点数が取れるため信頼性の高い評価方法とされますが、記述式問題は、採点者間で測定結果のばらつきが生じうることから、信頼性の高くない評価方法とされます。

2.2　妥当性の確認

妥当性には、「構成概念妥当性」(構成概念と実際のデータがどの程度適合しているか)、「内容妥当性」(測定が構成概念のすべての側面を網羅的にカバーしているか)、「基準関連妥当性」(ある尺度や得点が外的な基準とどの程度関連するか)など、多様な下位概念がありますが、最も重要なのは構成概念妥当性だとされています(メシック 1992)。

構成概念とは、学生の獲得した能力や特性など、目に見えない、手に取ることのできない学習成果のことです。たとえば、論理的思考力や批評的思考力がこれに該当します。構成概念妥当性の検討においてどのような証拠が必要になるのかを示したのが図11です。構成概念妥当性を検証する際は、内容的な側面の証拠、本質的な側面の証拠、構造的な側面の証拠、一般化可能性の側面の証拠、外的な側面の証拠があるかどうかという観点でチェックします。ただし、これらは必要十分条件の関係にはなく、目的に応じて必要となる証拠をその都度選択する必要があります(村山 2012)。

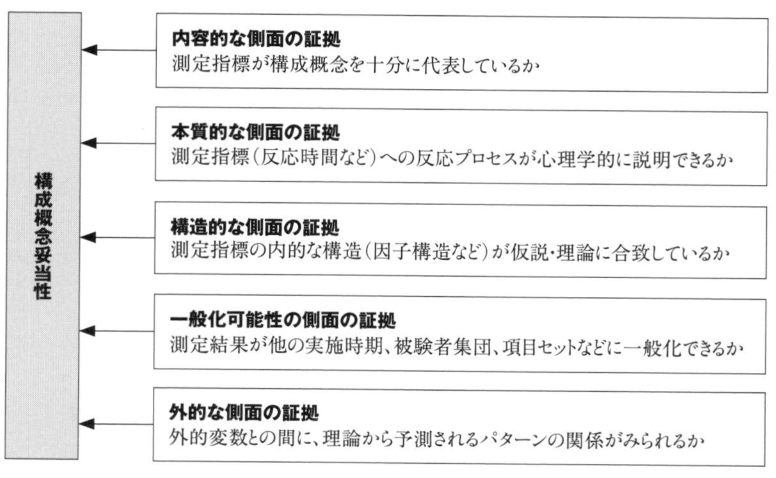

図11　構成概念妥当性の考え方(出所　村山 2012を参考に作成)

検証の結果、妥当性が低いと判断された場合、以下の方法で妥当性を高めることができます（南風原 2002）。

1｜構成概念を明確にする

構成概念を明確にするとは、その定義、その要素や下位概念、対象とする学習者の範囲を明らかにすることです。具体的には、目標およびその下位目標を明確にします。たとえば、文章力を評価したい場合、文章力という大きな目標で評価するのではなく、まずは文章力の定義をしてみましょう。文章力は、構成力、論理的思考力、批評的思考力、日本語表現力といった下位概念から構成されるとします。だとすれば、これらの下位概念が理解できたかどうかを評価していきます。評価にあたっては、図11で示した証拠が示せるかどうかを確認することで、妥当性を高めることができます。

2｜系統誤差を小さくする

系統誤差とは、同じ条件下で評価を行ったときに生じる誤差で、規則性のあるものをいいます。構成概念の内容の一部が反映されていなかったり、バランスが悪かったり、測定の方法が偏っていたりすると毎回同じような誤差が生じます。たとえば、数学のテストの項目が、代数領域に偏り、幾何領域が少ないと、何度テストを行っても同じ項目で間違いが生じます。これに対してはテスト項目の内容的な偏りをなくすことによって、系統誤差を小さくし、妥当性を高めることができます。

3｜偶然誤差を小さくする

偶然誤差とは、同じ条件下で評価を行ったときに生じる誤差で、規則性のないものをいいます。評価を繰り返すと都度変動する誤差のことです。たとえば、問題の読み間違いや解答用紙の記入ミスなどがあります。これらに対しては読み間違いのない文章に書き直したり、記入ミスがしにくい解答用紙にしたりすることによって、偶然誤差を小さくし、妥当性を高めることができます。

2.3　信頼性の確認

学習成果の評価方法の信頼性の検証にはいくつかの方法がありますが、客観テストなど量的な評価方法の場合には、基本的に信頼性係数ρ（「ロー」と呼びます）という指標を用いて行います。このρは0から1の値をとり、1

に近いほど信頼性が高いと判断します。以下では、信頼性係数 ρ の算出方法とともに四つの検証方法を紹介します。

1｜再テスト法

同一の学習者に同一のテストを実施し、1回めと2回めの結果の信頼性係数を比較するのが再テスト法です。このときの信頼性係数は、1回めと2回めの得点の相関係数に等しくなります。この二者の相関係数（3.3項参照）をrとすると、ρ =rとなります。

再テスト法の欠点は、1人の学習者に2回テストを受けてもらう手間がかかるという点です。そして、1回めのテストで内容を学習してしまう場合には適さない点です。学習者が同一のテストを受けるため、2回めの結果に1回めのテスト結果が影響を与えてしまうのです。

2｜平行テスト法

質問や課題の難易度・質・量が同等の二つの異なるテストを同一の学習者に実施し、その二つの結果を比較するのが平行テスト法です。再テスト法と同様に、信頼性係数は2種類のテストの相関係数となります。相関係数をrとすると、ρ =rとなります。

平行テスト法の欠点は、二つのテストが同等であるとどのように判断するかが難しい点です。また、再テスト法と同様に、1人の学習者に2回テストを受けてもらう手間がかかるという点です。

3｜折半法

テストを半分に分けてその両者の結果を比較するのが折半法です。再テスト法、平行テスト法では同じ学習者に2回のテストを受けてもらう必要がありますが、折半法では1回の実施で済みます。一つのテストを等質になるように二つに分けて、両者の相関係数を信頼性係数として算出します。相関係数をrとすると、ρ =2r/（1+r）となります。この公式はスピアマン-ブラウンの公式といいます。

折半法の欠点は、等質に二つのテストに分けるのが難しいという点です。どう分ければ等質になるのか保証ができないため、再テスト法と同じ問題を抱えています。

4｜内部一貫法

折半法で一つのテストを二つに分ける場合、分け方によって相関は異なってきます。そのため、すべての分け方について信頼性係数を算出し、その平均した値を信頼性の指標と考えるのが内部一貫法です。この指標のことをクロンバックのα係数（アルファ係数）といいます。この方法が信頼性の検討には最もよく用いられています。αは以下の公式で算出できます。

$$\alpha = \frac{項目数}{項目数 - 1} \times \left(1 - \frac{各項目の分散の合計}{合計点の分散}\right)$$

信頼性係数の高低の判断は、テストの目的や文脈によるため、絶対的なものにはならないことにも留意する必要があります（Crocker & Algina 1986）。これは、信頼性係数が、ある種の方法においては相関係数と同値であることから、「相関係数がどのくらいであれば高いといえるのか」という質問に明確な回答がないことと同様です。しかしながら、それでも目安を示すとするならば0.7以上が許容範囲、0.9前後が好ましいとされています（Kline 2000）。

信頼性が低いと判断された場合、以下の方法で信頼性係数を高めることができます。

・合計の分散を大きくする、つまり、難易度の幅を大きくする
・各項目の分散の合計を小さくする、つまり、項目レベルにおいて学習者の解答が類似するようにする
・項目数を増やす

また、質的な成果物を評価する場合でも、ルーブリックを使用したりして点数化されているのであれば、信頼性係数を使用することができます。その他、信頼性を高めることを得点の安定化と捉えると、レポート課題の採点において複数人が同一の課題の採点を行い、採点結果の中央値（高低の順に並べたときに中央にくる値）や調整平均（採点結果の上下の何割かをカットした平均）を用いる方法もあります。

3　学習成果から得られる情報と授業改善

3.1　集団としての情報と個別の情報

これまで、学習成果の評価方法を、妥当性および信頼性という観点から検証する方法を説明しました。次は、学習成果を授業改善のための行動に結びつける方法について説明します。

まずは、学習成果に関する情報を、「集団としての情報」と「個別の情報」に区別しましょう。集団としての情報とは、受講者全体のデータから得られる、分布や各種の指標値です。そして、個別の情報とは、項目ごとの正誤情報や学生一人ひとりの得点のことです。

一般的には、集団としての情報から全体を把握し、必要に応じて個別の情報を確認するとよいでしょう。たとえば、クラス全体の客観テストの得点分布状況や平均値を算出した上で、特に得点の低い項目や個別学生の結果を見ていくというプロセスをたどるとよいでしょう。

多肢選択問題や記述問題から構成される客観テストは、得点を容易に算出でき、各種統計指標を利用しやすい評価方法であるため、大学においてもよく使われています。以下では、まず客観テストを想定して具体的な授業改善への活用方法について説明します。その後、容易に点数化ができないレポートやプレゼンテーションなどについて説明します。

3.2　集団としての情報を分析する

学習成果の全体を把握するには、まずどのような得点分布になっているかを確認するとよいでしょう。学習成果を測定し、その得点を一定の階級に区切り、それぞれの階級に入る人数を表した表を度数分布といい、それをグラフで表したものをヒストグラム（度数分布図、柱状グラフ）といいます。

たとえば100点満点のテストにおいて、100人の得点分布のヒストグラムを表したものが図12です。(a)のヒストグラムでは、90点以上が6割程度となっており60点未満の学習者がいないことから、全体として「良くできた」ということができるでしょう。もし、教員が想定していたよりも高得点に分布が偏っているのであれば、次回は目標の難易度を高く設定する、あるいはもう少し発展的な問題を追加するとよいでしょう。

逆に、分布が低い得点に集中していれば、多くの学習者が目標に到達できなかったということが読み取れます。この場合、目標の難易度が適切なものであったか、あるいは目標に対して授業内容が妥当であったか、ある

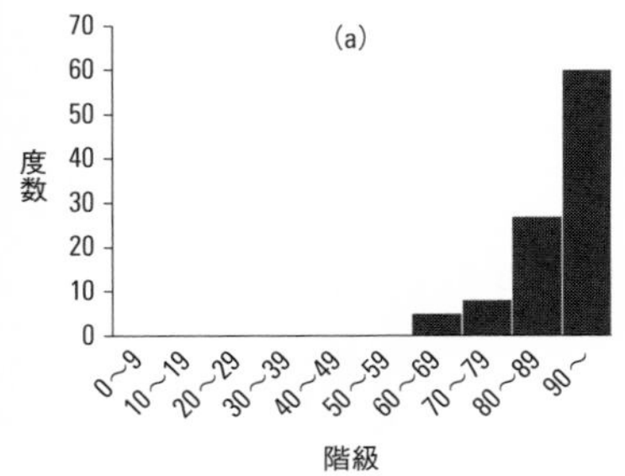

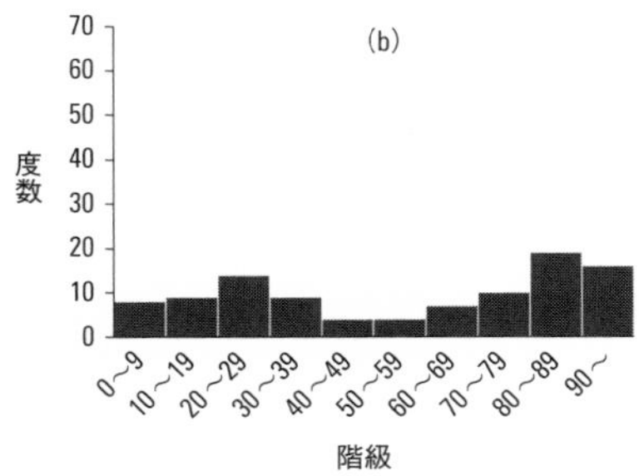

図12　ヒストグラム

いは評価方法が合致していたかなどについて考える必要があります。これらを明らかにするには、学習成果をさらに詳細に分析する必要があります。

一方、(b)のようなヒストグラムが得られた場合、ピークとなる層として20－29点の層と80－89点の層があり、理解度の異なる層が混在していることとなります。この場合は、低得点層に対して補習的な内容を充実させたり、入門的な参考書を紹介したりするなどの対応が考えられます。また、学習者同士で教え合うペアワーク・グループワークを取り入れることで、高得点層と低得点層がともに学び合う機会をつくり出すことも考えられます。

3.3　テストの各項目を分析する

集団としての情報分析に続けて、テストの個別項目についても得点傾向を分析するとよいでしょう。個別項目の正答と誤答の比率あるいは平均点や分散(分布のばらつき)を確認します。個別項目については、困難度という観点で分析ができます。

困難度は、全体の何人が正答したかという正答率で測定することができます。困難度の順に項目を並べてみたときに、それが教員自身の認識と合っているかどうかを確認しましょう。もしずれている場合には、その問題が意図したものを測定できていない、あるいは教員が思う以上に難易度が高い、または平易である可能性があります。前者であれば設問項目の見直し、後者であればその部分に該当する授業回の見直しを行います。

3.4　誤答を分析する

授業改善において、誤答の分析は非常に有益です。学生がどの部分でどのようにつまずいたのかを把握することで、授業設計や教育方法の修正点に気づくことがあります。また、誤答は項目の難易度を識別する力を高めるという点でも重要な役割を果たします(Haladyna 2012)。ここでは、多肢選択問題の誤答分析方法を説明します。

誤答分析をする前に、良い誤答選択肢について説明します。良い誤答選択肢とは、問われていることについて、理解している学習者と理解していない学習者を正しく識別できる選択肢のことです。良い誤答選択肢は、理解している学習者にとっては明らかに誤答ですが、理解が不十分な学習者にとってはもっともらしく見えます(同上)。ではどのくらいの数の選択肢をつくればよいのでしょうか。先行研究からは、一つの正答選択肢と二つの誤答選択肢からなる三つで十分であるとされています(Rodriguez 2005、Haladyna 2012)。

誤答分析の方法としては、表を作成する、グラフを作成する、検定を行うなどがありますが、手軽さと判断のしやすさから表を作成する方法を紹介します。

まず、学習者を能力別のグループに分けます。事前に能力がわからなければ、テストを実施し、その総合得点を利用します。グループ数は五つ程度でよいでしょう。ここではグループ1が最も能力の高い群、グループ5が最も低い群とします。次に、グループごとに当該項目の選択肢の選択率を入力します。表16はその一例です。

表16　項目の能力別解答例

項目	選択肢			
	A(正答)	B	C	D
グループ1	17%	1%	0%	2%
グループ2	14%	2%	0%	4%
グループ3	11%	2%	0%	4%
グループ4	8%	9%	1%	2%
グループ5	6%	13%	3%	0%
計	55%	27%	27%	14%

出所　Haladyna(2012)を参考に作成

表16を見ると、まず、正答選択肢Aは能力が高い群の正答率が高く、能力が低い群になればなるほど選択率は単調に減少しているので、正答選択肢として機能しているといえます。また、誤答選択肢Bは、能力が低い群になるにしたがって選択率が単調に増加しているので、誤答選択肢として機能しているといえます。一方、Cはどの群においてもほとんど選択されておらず、また、誤答選択肢Dも能力と選択率に規則性がありません。このような選択肢は誤答選択肢として機能していないため、削除もしくは差し替えを検討する対象となります。

3.5 レポートやプレゼンテーションを分析する

レポートやプレゼンテーションといったパフォーマンス課題は、客観テストのように得点化するのが難しい学習成果です。しかし、その評価の観点とレベル、評価基準を明記したルーブリックを活用することで、得点化することが可能です。また、ルーブリックを利用することで、評価方法の信頼性や妥当性も向上させることができます。

さらに、客観テストが部分的で基本レベルの能力の測定に長けているのに対して、パフォーマンス課題はより統合的で応用・発展レベルの能力の測定に長けています。よって、客観テストでは高い点数を得られているのに、パフォーマンス課題において成果が現れていない場合、統合的で応用・発展レベルの能力を育成する授業内容になっていない可能性があります。たとえばPBL（Problem-Based Learning / Project-Based Learning）など、知識を統合して問題解決に取り組ませる教育方法を取り入れる必要があるかもしれません。

ルーブリックを使って採点をした後にクラス全体で平均点を出してみると、課題が明確になることがあります。たとえば、表17は、ある学部の生物学の研究レポートの採点結果です（ウォルワード 2013）。これを見ると、「実験計画」と「変数制御」の項目が、1年めも2年めも他の項目と比較して低いことがわかります。だとすれば、それらの二つの項目を翌年度は重点的に教えるという授業改善が可能です。

表17　学生の学習成果に関するルーブリックに基づく評価

評価項目	クラスの平均得点（1年め）	クラスの平均得点（2年め）
題目	2.95	3.22
導入（序章）	3.18	3.64
科学論文の形式	3.09	3.32
実験方法と資料	3.00	3.55
実験以外の情報	3.18	3.50
実験計画	2.68	3.32
操作定義	2.68	3.50
変数制御	2.73	3.18
データ収集	2.86	3.36
データ解析	2.90	3.59
総合評価	2.93	3.42

出所　ウォルワード（2013）、p. 79

第3部

授業を変える

7章

効果のある授業に変える

1　学習意欲を喚起する

1.1　学習意欲を低下させる要因を見極める

第2部では、授業を観察（LOOK）し、分析（THINK）する方法について説明してきました。第3部では、各種データから課題が明らかになった後、どのように授業を変えたらよいのか、つまり実際に行動に移す（ACT）方法について説明していきます。

本章では、観察と分析の結果、学習効果があがっていないことがわかった際に、どのように授業を変えたらよいのかについて紹介します。具体的には、学習意欲と目標達成度における効果について取り上げます。

学生の学習意欲の低さは、学習に対しての拒絶、反抗、回避、諦めといった態度として現れます（アンブローズほか 2014）。授業中の居眠り、遅刻・退出、私語はこれらの具体例です。

学習意欲の低下は、内容が難しい、自分にとって重要でない、退屈、興味がない、と学生が感じていることに要因があると考えられます（Wolters 1998）。これらの要因を、モチベーションに関する理論の一つである期待価値理論（Eccles 1983）で説明してみましょう。

期待価値理論では、ある物事に対する意欲は、「期待」と「価値」の両者の影響を受けるとされます。「期待」とは、目標がどの程度達成できそうかということを意味します。たとえば、頑張れば合格点が取れそうだ、授業を真剣に受ければ理解できそうだ、この宿題は来週までに自力で終わらせることができそうだ、といった見込みのことです。

一方で、「価値」とは、達成するメリットがどれほどあるかということを意味します。たとえば、この内容は自分にとって興味深い、将来役立ちそうな内容だ、といった感覚のことです。「期待」と「価値」のどちらが欠けても、物事に取り組む意欲は低下してしまいます。

この考え方をもとに、学生の「期待」を低下させる要因と「価値」を低下させる要因が自分の授業に存在していないかをチェックしてみましょう。具体的には次のような要因が想定されます。

・目標が高すぎる、あるいは低すぎる
・学習目標や目標到達までの行程がわかりやすく示されていない
・有用性・意義が示されていない

1.2　適切なレベルの目標を設定する

学習意欲を喚起するためには、適切なレベルの目標を設定する必要があります。学生は難しすぎる、あるいは易しすぎると感じると意欲を失ってしまいます。学習意欲の低下は、学習に対する「期待」が高すぎる、あるいは低すぎるために起こります。目標は「ジャンプすれば届く距離」に設定しましょう。「ジャンプしても絶対に届かない」というレベルの目標も、「ジャンプしなくても届く」というレベルの目標も意欲を喚起しません。

適切に目標のレベル設定をするためには、学生のもっている能力、既有知、興味・関心について理解しておく必要があります。初めてその授業を担当する場合は、前任者や同僚に確認しておくとよいでしょう。初回の授業で学生にアンケート調査を実施して、これらを把握するのもよいでしょう。学生の学習環境は年々変化します。過去に設定した目標が適切なものになっているかについて、毎年見直しましょう。

1.3　目標への行程を示す

目標は提示されているものの、達成までの道筋が見えない場合、学習意欲は生じません。事前にどのようなステップを経れば目標を達成できるのかについて行程を示しておきましょう。学期を通した授業全体はもちろん、1回分の授業やトピック単位でも行程を示すことができます。行程を文章で示すだけでなく図示化できれば、学生にとってよりわかりやすいものになるでしょう。

1｜授業全体の行程

授業全体を見通してもらうために、初回の授業では、授業の目標と、それを達成するための行程である授業計画の周知を徹底します。学期の途中でも、区切りの授業回では、全体のうちのどのあたりまで進んだのか、残りはどのように進んでいくのかについて説明するようにしましょう。

2｜1回分の授業の行程

各回の授業の冒頭でも、目標やその回の流れを伝えます。具体的には、1回分の授業で扱う内容やトピック、授業の進め方を説明します。黒板やホワイトボードの端に流れを書き出しておいたり、スライドで目次を提示したりするとよいでしょう。これらの工夫により、意欲が低下して集中力を欠いている学生が授業についてこられなくなることを防げます。

3｜トピックごとの行程

授業で扱うトピック単位でも行程を示すことが可能です。授業中に、難解な概念やテーマについて解説する必要がある場合を考えてみましょう。最初から詳細な情報を説明し始めてしまうと、授業についてこられなくなる学生が出ます。まずはそのテーマの概略を簡単に示し、その後詳しく解説するようにしましょう。この概略部分を「先行オーガナイザー」と呼びます（岸 2000）。先行オーガナイザーがあると、その後に提示される情報は理解しやすく、記憶に残りやすくなることが実証されています。

1.4　授業の有用性・意義を説明する

この授業で学習に真剣に取り組むことにどのような価値があるのかを、シラバスや初回の授業において明示しましょう。シラバスには「授業の目的」や「授業の意義」という項目があります。そこに、カリキュラムにおける位置づけ、学習することで身につく能力などを具体的に記載します。初回の授業では、口頭でもこれらを強調して説明しましょう。

学んだことが将来どのような場面で役立つのか、他の科目の学習にどう活かされるのかを、授業内容に関連させながら伝えるのも効果的です（Keller 1987）。たとえば、学生は、線形代数の知識が将来何の役に立つのかわからず、学習意欲を失いがちです。その場合、その科目の後に履修することになる統計学の分析手法の理解に必須であることを説明することで、意欲を高めることができます。

また、グループワークに実際に取り組ませる直前にも、その活動の価値や意義を丁寧に説明することで学習者の意欲を高めることができます。たとえば、「コミュニケーション能力を向上させるため」、あるいは「将来職場で求められるチームワーク力を養うため」にグループワークが有効であることを説明します。

1.5　協力的な学習環境をつくる

学習意欲に大きく影響を与える要因の一つに、教員が学生の学業に関心を払っているか、学生の人格に配慮しているかといった教員の言動があることが明らかになっています（Astin 1993）。教員との関わりが、学生のやる気、学業継続や進路の決定に重要な役割を果たすことも報告されています（Seymour & Hewitt 1997、Pascarella & Terenzini 1977、見舘ほか 2008）。

また、学生同士の人間関係も学習意欲に影響を与えます。学生は、個人同士で競争するよりも、協力して学んだときのほうが成果を上げ、授業にも好感をもつといわれています（Bligh 2000、ジョンソンほか 2001）。

このように、教員・学生が互いに協力的な学習環境を築くことが学習意欲の向上に有効です。特に重要になるのは初回の授業における教員と学生の間の関係づくりです（Wolcowitz 1984）。教育に熱意をもっていることを学生に伝えましょう。また、学生を指名したり、質問をしたりする場合は、できるだけ個人名で呼ぶようにしましょう。学生同士で自己紹介をさせたり、グループでできる簡単なゲームを入れたりして、お互いに個人名で呼び合うことを推奨するのもよいでしょう。このように教室内を匿名空間にしない工夫をすると、協力的な学習環境が出来上がります。

2　基本レベルの目標を達成させる

2.1　目標が達成できない要因を見極める

次に、授業で定めた目標を学生が達成できるようになるために何をしたらよいのかについて説明します。以下では、基本レベルの目標を達成させる方法と、応用・発展レベルの目標を達成させる方法に分けて説明します。

授業中には学生が確実に学んでいるように見えたのに、実際にテストやレポートを課してみると、基本レベルの能力が身についていないことが明らかになることがあります。このように、学生の学習態度には問題が見られないにもかかわらず、基本レベルの目標に到達できていない場合、以下のような可能性があります。

一つめの可能性は、外見から判断すると目標を達成できているように見えたものの、実際には達成できていないということです。授業中、学生が頷いたり、しっかりとノートを取ったりしていても、学生は理解した気になっているだけかもしれません。あるいは、本当は理解していないにもかかわらず、それを隠しているのかもしれません。二つめの可能性は、授業中には目標を達成できていたものの、時間が経つとともにできなくなったという場合です。これは、学習時間が不足しているために学習内容を長期記憶として定着させることに失敗しているということです。

この考え方をもとに、まずは、学生が基本レベルの目標を達成できない要因が何かを分析してみましょう。具体的には、次のような要因が想定されます。

- 学生が自らの能力を正確に把握する機会がない、あるいはそれが不足している
- 学習に必要な手助けが提供されていない、あるいはそれが不足している
- 学習内容を反復する機会がない、あるいはそれが不足している
- 授業外での学習に必要な手助けが提供されていない、あるいはそれが不足している

2.2　診断的・形成的評価で理解度を自覚させる

教員が授業改善のために授業を観察し、分析するために評価を導入する意義や方法についてはすでに説明しました。それに加えて、学生自身に自らの能力を正確に把握させるために診断的評価と形成的評価を取り入れてみましょう。

診断的評価とは、学習者の既有知や能力を知るために、授業開始前および授業の途中に実施する評価のことです(Bloom 1971、Bloom et al. 1971)。たとえば、受講の前提となる知識を問う小テストやアンケートを実施します。生物学の授業であれば、以下のような項目を設定します。

- 受講理由(例:内容に興味があったから、楽に単位が取れそうだったから、時間割上都合がよかったから)
- 好きな生物、嫌いな生物とその理由
- あなたが知っている生物の中で最も強い生物とその理由

・授業で扱ってほしい生物や生命現象
・用語の理解度チェック（聞いたことがない、言葉は知っているが良く理解していない、おぼろげに概念を理解している、人に対して説明できる、のいずれかに○を付ける。自然選択説、セントラルドグマ、突然変異など）

形成的評価は、授業の途中で学生の理解度・達成度を測るための評価です。たとえば、その日の授業内容がどのくらい理解されたかをその授業の最後に確認する、授業の内容が定着しているかを次回の授業冒頭で確認する、などがこれに当たります。

診断的評価や形成的評価の結果を学生にフィードバックすることにより、学生が自身の目標達成度を知ることができます。このようにして自らの学習をメタ認知させることで、学生に自律的な学習を促すことができます（Mantz 2003）。

2.3　授業中に足場かけをする

「足場かけ（scafolding）」とは、学習者の学びを手助けする人物やツールのことです。元来、幼児教育において使われてきた専門用語ですが、大学生の学習においても有効な概念です（Palincsar & Brown 1984、アンブローズほか 2014）。

学習者がまだ達成していない目標の中には、「手助けがあっても達成できない難易度」のものと「手助けがあれば達成できる難易度」のものがあります。後者は「発達の最近接領域」と呼ばれ、効率的な学習において必要なものとされています（Vygotsky 1978）。たとえば、数学の問題を解かせる場合、①1人で10問解かせる、②他の学生と一緒に3問解かせる、③教員が手助けしながら1問解かせる、という方法があったとします。①では問題を解くことができないけれども、②や③のような手助けがあれば円滑に問題を解くことができるという学生がいます。このような学生にとっては、②や③が発達の最近接領域の学習内容となります。

こうした手助けを行うためには、まず、教員は学生にとっての最近接領域は何かを見極める必要があります。そして、自分より熟達した他の学生や先輩学生がモデルを示した上で手助けしてくれる環境を用意することで、学生の学習を進めます。TA（ティーチング・アシスタント）がヒントを出したり、参考資料を配付したり、中・高学力層の学生と一緒に問題を解いたりする機会をつくるのです。しかし、いつまでも手助けが存在していると、学生は自力で学習することができないままとなります。そのため、徐々に手助けを減らしていき、最終的には独力で目標を達成できるようにします。

2.4 授業の冒頭で復習させる

授業中には目標を達成できているのに、それができなくなる学生が多い場合には、復習を促す工夫を取り入れてみましょう。学習内容の記憶は、一度も復習しない場合には数日で忘却され、1週間でほとんど失われてしまうといわれています。そうなる前に何度もその記憶を呼び起こす機会をつくれば、完全に記憶を失ってしまってから復習するよりも効率よく記憶に定着させることができます(Ebbinghaus 1885)。

授業の冒頭に、前回学んだことを復習するワークや小テストを導入してみましょう。予告しておくことで、授業外学習を促します。予告しても授業外学習をやってこない学生が多くいれば、小テストの結果を成績評価に組み込むことで実施率を高めることができます。また、前回の内容がその回の学習内容と深く関わる場合には、授業冒頭の復習はより重要な意味をもちます。学習内容同士を適切につなげて体系的に理解することにより、より深い理解へ導くことができるためです(アンブローズほか 2014)。

2.5 授業外学習で足場かけをする

学生の既有知や能力に差があるのはやむを得ないことです。しかし、同じレベルの目標達成をめざして学ぶ以上、既有知や能力が不足している学生にはそれを補うために授業外での学習量を増やす必要があります。

まずは、授業外学習を課す意義を明確に説明しましょう。たとえば、「次の授業では○○がわかっていることが前提になりますので、自信がない学生は教科書のこの課題を事前にやっておきましょう」というように伝えます。

授業外学習では、その場に教員、TA、他の学生がいないため、授業中に比べると手助けを得られにくい環境です。そのため、授業外学習においても利用可能な足場かけを用意しておきましょう。シラバスに、質問や相談がある場合の連絡方法(例:対面、メール、ラーニング・マネジメント・システム)や対応可能時間を載せておきましょう。ライティングセンターや図書館など学内に学習支援を行う部署がある場合は、その情報も記載しておくとよいでしょう。

また、授業外学習のための参考情報を丁寧に紹介しておくのもよいでしょう。「授業の前に基本を復習しておきたい人へ」「さらに詳しく学びたい人へ」のように、学生の能力別に書籍やウェブサイトを紹介するとよいでしょう。無料で閲覧できる大学生向けの学習支援動画も増えています。学生がすでに利用している可能性もあるので、見つけられない場合は、どのような教材を使って学習しているかを学生に聞いてみてもよいでしょう。

3　応用・発展レベルの目標を達成させる

3.1　学習者の熟達段階について理解する

学生に基本レベルの目標を達成させた後、応用・発展レベルの目標を達成させたい場合、何をしたらよいでしょうか。まずは学習者の熟達段階について理解しておく必要があります。

目標にはいくつかの段階があります。これを説明したのが教育目標分類です（Bloom 1956）（表18）。ここでは、教育目標が三つの領域に分類されています。第一の認知的領域は、学習の要素のうち「頭」を使う部分、すなわち知識の記憶・理解から始まる一連の知的熟達に関するものです。第二の情意的領域は、「心」を使う部分、すなわち学習に対する興味・態度・価値観など、意志や情緒の熟達に関するものです。第三の精神運動的領域は、「体」を使う部分、すなわち運動技能や手先の技術などの熟達に関するものです。

そして、各領域には、六つの段階が設定されています。数字が低いものは

表18　ブルームの教育目標分類

水準	認知的領域	情意的領域	精神運動的領域
6	評価		
5	総合	個性化	自然化
4	分析	組織化	分節化
3	応用	価値づけ	精密化
2	理解	反応	巧妙化
1	知識	受け入れ	模倣

出所　梶田（2010）、p.128を参考に作成

基本レベルの目標であり、高いものは応用・発展レベルの目標です。この目標分類の観点から、授業の目標をあらためて確認しましょう。応用・発展レベルの能力を身につけさせたい場合、それに対応する目標が設定されていなければなりません。

なお、2000年代に出された改訂版教育目標分類では「認知的領域」の段階1が「記憶」、段階5が「評価」、段階6が「創造」に変更されており、より高次の目標達成が求められるようになっています(Anderson & Krathwohl 2001)。

3.2 熟達段階に沿って授業を再設計する

応用・発展レベルの目標を設定した後は、そこに到達するために学生がどのようなレベルの課題をどのような順序でこなしていけばよいかを考え、授業を再設計しましょう。記憶・理解・応用・分析・評価の各段階の課題を順番にこなしていくように配置していきます。

このように、最終的に学生に到達させたい目標から逆算して、そのための学習課題を考えていくという授業の組み立て方法は、バックワードデザイン(逆向き設計)と呼ばれています(Wiggins & McTighe 2005)。教えたい内容を考えてから最後に評価方法を考えるのではなく、最初に評価方法を考えてから内容を考えることにより、授業に一貫性が確保されます。

3.3 実践的な課題解決活動を取り入れる

応用・発展レベルの課題とは、具体的にどのようなものでしょうか。授業中に実践的な課題解決のための活動を取り入れることは、そうした課題の一つです。教育目標分類の認知的領域の「応用」段階以上の目標を達成させたい場合に効果的です。たとえば、グループで実践的な問題に取り組む手法として、問題解決型学習(Savin-Baden & Major 2004)やチーム基盤型学習(Michaelsen et al. 2004)が広く用いられています。現実問題あるいは現実問題に近い課題を設定して共同で解決をめざすケーススタディも有効です(Christensen 1987)。

3.4 熟達した能力をもつ学生に役割を与える

基本レベルの目標であれば、手助けなしに1人で到達できてしまう学生も存在しています。そのような学生には、教員が他の学生の目標達成に時間や手間をかけている授業は退屈なものに見えるでしょう。こうした学生にとっても授業を有意義な場とし、本人の熟達度をさらに上げるためには、他の学生とは異なる役割を与えるのが有効です。たとえば、学習した内容を他の学生に教えてもらいます。これにより、十分に理解しきれていなかった部分を自覚でき、学習内容を応用・分析・評価する能力が身につきます。

同様に、グループワークやクラス全体においてリーダー役を担当させる、練習問題を作成させるといった役割を与えることも、応用・発展レベルの能力を身につけさせるのに効果があります（Buchanan & Rogers 1990）。

3.5　ラーニング・ポートフォリオを活用する

ラーニング・ポートフォリオとは、学生の学習活動の成果を、学生自身がまとめて記録し、省察したもののことです（Zubizarreta 2004）。これにより、自身の目標達成度を把握したり、各学習内容の関係性を俯瞰したりすることができるので、メタ学習を促し、応用・発展レベルの目標達成が期待できます。

ただし、ラーニング・ポートフォリオの作成を学生各自に任せておくだけではそのような学習効果は期待できません。ラーニング・ポートフォリオを作成することの価値、作成方法を学生に伝えて理解してもらうことが必要です。それと同時に、教員やTAから、もしくは学生同士によるフィードバックを行う機会をつくる必要もあります。

8章

効率のよい授業に変える

1　効率化をめざした授業改善の意義

1.1　効率化の必要性

大学教員の活動には、教育、研究、管理運営および社会貢献があります。所属機関の理念、あるいは教員個人の理想とする教員像やキャリア段階によってこれらのバランスは多様ですが、労働時間に限りがある以上、各活動の効率化は大学教員の関心事の一つです。

文部科学省の調査（文部科学省 2014）によると、年々研究時間が減少する一方、教育活動やサービス活動にかかる時間は増加しています（神田と富澤 2015）（図13）。このような状況下で教育活動も研究活動も充実させるには、

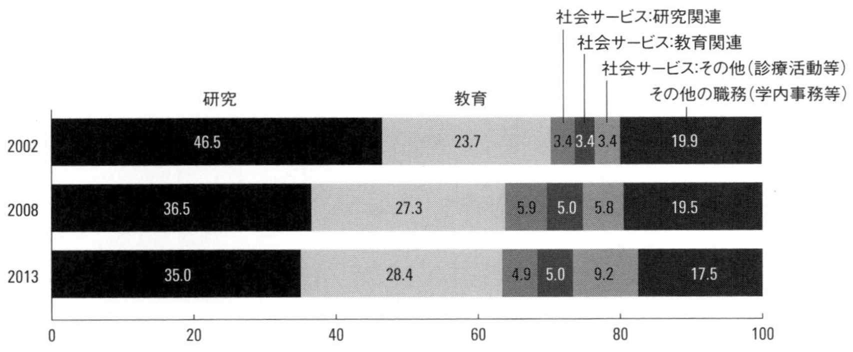

注：2008年、2013年調査では、「科学技術研究調査」による教員数を母集団数とし、学問分野別にウェイトバックした母集団推定値を使用した。
資料：文部科学省「大学等におけるフルタイム換算データに関する調査」の個票データ（統計法に基づく二次利用申請による）を用いて科学技術・学術政策研究所が集計・分析。

図13　教員の年間総職務時間の活動内容別内訳（出所　神田と富澤 2015）

教員や教員補助者を増やす方法が考えられますが、予算増を伴う解決策は実現性が低く時間もかかります。したがって、大学教員自身の努力の範囲内で諸活動の効率化を図る方法を考える必要があります。

本章では、観察・分析の結果、教育業務の効率がよくないことがわかった場合に、授業の質を維持または向上させながら効率的に教育活動を行う方法を紹介します。

1.2　効率化の観点を理解する

効率化とは、質を落とさずにかける時間や手間を減らすことです。以下のような方法があります。

① 既存のリソースを活用する
② 反復作業を減らす・自動化する
③ 情報にアクセスしやすくする
④ 他者の協力を得る
⑤ 長期的視点で効率化を捉える

①②③については、積極的にICTを活用することが解決策として考えられます。ICTの進化は急激であり、授業改善に活用できる新しいツールや知見が日々生み出されています。慣れ親しんでいる方法にこだわらず新しい方法を取り入れることが効率化への近道といえるでしょう。

④は、他者とともに効率化を進めるという観点です。自らだけではなく、他者にとっても利益があるような協力の仕組みを紹介します。

⑤は、効率化を考える際に意外と抜け落ちてしまう観点です。一見時間がかかるように思えても、長期的に見ると手間が省けることがあります。たとえば、授業案やルーブリックの作成は時間もかかり面倒です。しかし、この作業が結果的には授業の質を高めつつ、準備や評価の手間を減らすことにつながるのです。

効率化は、授業設計のための情報収集から、実施、評価に至るまでのプロセス全般において可能です。以下では、授業前、授業中、授業後の各段階において考えられる効率化の方法について詳しく説明します。

2　授業前の効率化を図る

2.1　情報収集を効率化する

授業設計には多様な情報が必要です。特に初めてその授業を担当する場合、学生の学力や学習意欲、受講想定人数、学年や所属学部、教室環境などの情報が必要になります。こうした情報を収集する作業は一見面倒に思われます。しかしながら、情報収集をせずに授業設計を行うと、学習者のニーズとかけ離れたものになり、結果的に大幅な修正を余儀なくされることもあります。一方、各種情報を踏まえた上で授業設計や開発を行うことで、学習者のニーズに合致した授業が出来上がります。つまり、授業前に情報収集することは、修正にかかる手間を省くことになります（⑤長期的視点で効率化を捉える）。

具体的には、前任者や同僚にヒアリングを行うのが最も効率的です。それができない場合は、前任者のシラバスを取り寄せましょう（①既存のリソースを活用する）。これまでにない新しい科目を担当する場合には、学内外の類似のシラバスを参照するとよいでしょう。事前にわからない場合は、初回の授業で学生から情報を収集し、その後の授業展開に活用します。

2.2　授業案の作成を効率化する

家を建てる場合に、設計図を書かずに木材を切ったり壁を立てたりすることはしません。それでは効率が悪いからです。ところが、授業案を作成せずに授業を実施する教員が多いのが現実です。授業案は初めて作成する際には労力がかかるものの、授業づくりの全体プロセスを通して見ると授業案の作成自体が効率化を促します（⑤長期的視点で効率化を捉える）。

授業案を立てずにスライドをつくり始めると、授業時間内に扱える量を超えてしまうことがあります。あるいは、作成途中で内容にばらつきが生じてつくり直さなければならなくなることもあります。授業案を作成すれば、過不足ない資料が出来上がるため、無駄な作業が発生しにくくなります。また、次回実施するときや一部分を他の授業で使うときも再利用できるため、長い目で見ても効率化につながります。

授業案を作成する作業の効率化には、①既存のリソースを活用する、②情報にアクセスしやすくする、という観点が有効です。具体的には、まず、テンプレートや他者の授業案を手に入れましょう。「授業案」「指導案」「授業テンプレート」といったキーワードでインターネット検索をすれば多くの形式を見つけることができます。その中から参考になるものを発見できれば、形式から作成する手間を省くことができます。授業案を長期にわたって改善しながら使っていくためには、手書きではなく、電子ファイルで作成・保管するのがよいでしょう。

2.3　教材作成を効率化する

各回の授業で用いる教材の作成も、①既存のリソースを活用する観点によって効率化できます。大学の授業を無償で公開するというオープンエデュケーションが普及したおかげで、質の高い教材が数多くインターネット上で公開されています。こうした他の大学教員が作成した既存教材を活用することで、資料作成の時間を大幅に短縮することができます。特に動画を作成するのはコストが高く大変な作業ですが、YouTubeなどの動画共有サイトで検索すれば、活用できる動画が見つかることもあります。また、著作権フリーのイラスト・写真・音源が無償で利用できるウェブサイトもあります。

他者の教材を活用する際に留意すべきことは、まずそもそも内容に間違いがないかを自身で確かめることです。公開されている教材の中には正確ではないものもあるため、内容を十分にチェックしてから使用する必要があります。また、必ず出典を明示することです。その際、授業内で提示する場合は著者の許諾は不要ですが、インターネット上で資料を公開する場合はそうでない場合もあります。そのため、著作権者が提示している利用規約や注意書き、省庁や関連団体の最新の著作権法の動向が把握できる資料など、著作権の取り扱いに関する情報を適宜確認しておきましょう。

2.4　教材管理を効率化する

教材の多くはパソコンを用いて作成されるため、パソコン内には膨大なファイルが保存されているはずです。教材のファイルにアクセスしにくいと、検索に手間がかかります。そこで、フォルダおよびファイルの命名規則、フォルダやファイルの検索ソフトウェアについて紹介します（③情報にアクセスしやすくする）。

まず、命名規則に沿ってフォルダ名を付けることで、フォルダが見つけやすくなります（図14）。たとえば、「一つの授業科目につき一つのフォルダをつくる。名前は『授業開始年月_科目名』とする。」という命名規則をつくり、「20xx.04_情報基礎」と名づけます。また、「各授業フォルダの中

■ 20xx.04_情報基礎
└■ 第1回_ガイダンス
└■ 第2回_システム　基礎
└■ 第3回_Wordの使い方　1
　└■ 20xx.05.11_発表資料_v1.pptx

図14　教材フォルダおよびファイルの構造例

には、各回の授業フォルダをつくる。名前は『授業回数_授業タイトル』とする」という命名規則をつくり、「第1回_ガイダンス」と名づけます。そして、そのフォルダの中には、授業で利用するファイルをすべて保存します。このとき、版数をファイル名に入れることで、最新のファイルが見つけやすくなります。「(ファイルを使う日付)_(タイトル)_v(数字)」という命名規則をつくり、たとえば「20xx.05.11_発表資料_v1」と名づけます。このような命名規則をつくらないと、「発表資料_最新版」や「発表資料_改良版2」などの表記が混在して検索に時間がかかります。

また、フォルダやファイルを全検索できるソフトウェアもあります。そのようなソフトウェアで日付やキーワードを検索することで、すぐに目的のものを見つけることができます。WindowsではEverythingというソフトウェア、Macでは標準装備されているSpotlightというソフトウェアがこれに当たります。

3　授業中の効率化を図る

3.1　出席管理を効率化する

授業中に効率化できるものに出席管理があります。教室の入り口に学生証(ICや磁気カード)をかざすことで出席管理ができるシステムが装備されている大学もありますが、多くの大学では授業の出席管理は教員に一任されています。大人数授業の場合、点呼による出席管理は時間がかかりますし、紙の出席カードを使った方法も回収の手間がかかると同時に他の学生が代わりに記入する可能性が生じます。ここでは、②反復作業を減らす・自動化するという観点から、信頼性の高い出席管理を効率的に行う方法を二つ紹介します。

一つめは、ラーニング・マネジメント・システム(LMS)の活用です。LMS

とは、学生の学習を支援するためのシステムであり、教材や学生の成果物の管理、出席確認、掲示板機能などが備わっています。一人ひとりの学生にアカウントが割り振られているため、出席確認機能を使うとそれぞれの学生の出席状況を管理できます。アカウントは他の個人情報と紐づいているため、学生間で共有しにくくなっています。よって、紙の出席カードを利用する場合に比べ代理記入の可能性が低くなります。

二つめは、マークシートを用いる方法です。学生が塗りつぶした学籍番号をスキャナに自動読み取りさせれば、出席確認ができます。授業を通して学んだ点、疑問点などの自由記述欄も設けて必ず一定数の文字数を記入することを課すことで、代理記入がしにくくなります。大学がマークシートを用意している場合がありますので、教務担当部署に確認してみましょう。独自に作成する場合は、たとえば、FormScannerといった無料ソフトウェアがあります。

LMSやマークシートを活用して出席管理を効率化する方法は、授業中に小テストを実施する場合にも使うことができます。

3.2　学生からの情報収集を効率化する

疑問や意見といった学生からの情報を収集することは、授業を改善するために必要なことです。学生の情報を収集するためには、紙に書いてもらう方法があります。この方法は、アナログですが、大人数授業であっても時間をかけずに済む方法であり、記入率・回収率の高い方法でもあります。たとえば、学生の理解度を把握したい場合には、授業終了前の数分間でミニッツペーパーに記入してもらいます。「自由に感想を記述してください」ではなく、「最も学んだことをキーワード三つで表現してください」あるいは「理解できなかったところ、理解しにくかったところを一つずつ書いてください」など焦点を絞った質問をすることで、知りたい情報を収集することができます。

しかし、ミニッツペーパーの記述内容を丁寧に分析しようとすると、パソコンでのデータ入力作業が必要となり集計に手間がかかります。また、学生から得られた情報に授業中に対応するという即時性もありません。以下では、学生の情報を効率的に収集する方法であるオンラインアンケートを紹介します（②反復作業を減らす・自動化する、③情報にアクセスしやすくする）。

オンラインアンケートは、教員がインターネット上で作成でき、学生がインターネットに接続されたパソコン、タブレット端末、スマートフォンなどから回答できるアンケートシステムのことです。多肢選択式や自由記述式のアンケートができます。Slido、Socrative、TopHat、Clickest、SurveyMokey、Googleフォームなど多くのサービスがあり、有料のものも無料のものもあります。

ウェブで回答フォームをつくり、そのフォームのウェブアドレス(URL)を学生に提示することで、回答してもらえます。URLを入力するのは手間がかかるため、QRコードをスクリーン上で提示したり紙で配付したりすると、円滑に回答を促せます。

アンケート結果が自動で集計されるため、紙のアンケートと異なり、教員側のデータ入力の手間がありません。また、サービスによっては自動で円グラフや棒グラフを作成する機能があり、瞬時に視覚的に集計結果を把握することができます。さらに、アンケートの回答結果を各学生にすぐに送信できるので、回答結果をもとに振り返らせることも可能です。

4 授業後の効率化を図る

4.1 ルーブリックで評価を効率化する

学習評価は学生一人ひとりに対して行う必要があるため、受講者数に比例して時間や労力がかかります。ここでは、学習評価をいかに効率的に行うかについて考えてみましょう。

まず、多肢選択問題などの客観テストを活用することで採点時間の短縮が図れます。マークシートを用いれば、採点作業はほぼ自動化されることでしょう。しかし、問題解決能力や表現力といった高次の能力の獲得を目標に設定した場合、到達度の評価にはレポート課題やプレゼンテーションが用いられます。これらの方法はパフォーマンス課題と呼ばれ、正解は唯一ではなく成果物も多様であるため、評価方法の信頼性や妥当性を確保するのは難しく、かつ採点に時間も手間もかかります。

こうしたパフォーマンス課題を評価するのに適しているのが、ルーブリック評価です。ルーブリックとは、採点の観点とその採点基準が明示された表のことです。ルーブリックを利用することで、採点の信頼性が増し、また、効率よく有益なフィードバックを返すことも実現できます。課題を遂行する前に学生にルーブリックが提示されるので、採点基準に沿って学生が課題に取り組むことになり、基準から大きく外れた成果物が少なくなることも、効率化につながります。同僚やTA、そして学生自身に自己評価や相互評価をさせる際にも、ルーブリックは役立ちます。

ただし、ルーブリックの作成自体は手間がかかるものです。ルーブリックの作成を効率化するためには、すでにインターネット上で公開されているルーブリックや同僚が作成したルーブリックを参考にして、自分の授業に合うようにカスタマイズするとよいでしょう（①既存のリソースを活用する）。

4.2　学生やTAに評価をさせて効率化する

授業において評価を行うのは教員だけではありません。最終的な成績判定の責任は大学教員にありますが、その事前段階においては、学生に評価に関与してもらうことが可能です（④他者の協力を得る）。具体的には、学生自身による自己評価、学生同士の相互評価、TAによる評価が活用できます。以下では、学生同士に相互評価をさせる方法について詳しく説明します。

ピアレビュー（学生による相互評価）は、教員および学生の両者にとってメリットのある方法です。教員にとっては、学生同士で行った評価を参考にしながら最終的な評価をすることができるため、負担を減らし評価作業を効率化することができます。一方、学生にとっては、他者の成果物に対する評価をすることで評価基準の理解が促されるため、自身の成果物の質が向上することも示されています（Lundstrom & Baker 2009）。

ここでは、レポート課題を例にしてピアレビューのプロセスを説明します。まず、学生はレポートを作成します。次に、そのレポートを学生同士で交換し、お互いのレポートを評価します。そして、その評価をもとにレポートを改善するというのが基本的なプロセスです。ピアレビューは、レポートのみならず、プレゼンテーションやポスターなど多様な課題に応用できます。

ピアレビューの効果的導入のために押さえるべきポイントがいくつかあります（Dochy et al. 1999、Topping 1998）。特に、評価観点を示すこと、練習の機会を設けることの2点が重要です。

まず、評価観点を示すためには、ルーブリックが活用できます。ルーブリックの提示により評価に必要な観点を得られることから、学生であっても評価の妥当性や信頼性を高めることができます。評価観点が明確に提示されることで、成果物に対する学生による評価と教員による評価の相関が

表19 ピアレビューの練習のプロセス

1. 教員がピアレビューの実演をする ① 文章から著者の意図を理解する ② 文章の問題点を見つける ③ どの点が問題かを明確に指摘する ④ 具体的な改善案を提示する 2. 評価観点をもとに学生が成果物を評価する 3. 学生の評価に教員がフィードバックする

出所 Min(2006)

高くなることが示されています(Falchikov & Goldfinch 2000)。

次に、練習の機会を設けることは、非常に重要であるにもかかわらず見落とされやすいポイントです。エッセイを書かせる際にピアレビューを導入したところ、練習の機会の有無が成果物の改善に大きく影響した、という報告がされています(Min 2006)。

ピアレビューの練習は、表19のようなプロセスで進めるとよいでしょう。ピアレビューを授業に取り入れることで、評価が効率化される上、学生が高次の認知能力を身につけられる授業を実現することができます。

4.3 集計を効率化する

学生の成績評価は、レポート課題や中間テスト、授業態度などさまざまな課題における素点の合計によって行われることが多いでしょう。その素点をもとに秀・優・良・可・不可といった尺度で最終成績判定を行うのが一般的です。この場合の素点の計算や最終成績判は表計算ソフトを用いると効率的に行うことができます(②反復作業を減らす・自動化する)。

たとえば、「行」には学生の名前もしくはID、「列」には各回の課題の得点を入力します(表20)。各回の課題の合計は、関数(ExcelであればSUM 関数)

表20 成績評価の表

	ID	第1回	第2回	第3回	第4回		課題2	課題3	合計
Aさん	AAAAA	4	4	4	0	………	7	10	72
Bさん	BBBBB	4	0	4	4		8	16	87
Cさん	CCCCC	0	4	4	4		0	10	68

を用いれば自動計算ができます。さらに、並べ替え機能を使えば、瞬時に合計点が高い順に並び替えることができます。そうすることによって、最終成績判定作業が楽になります。

表計算ソフトには非常にさまざまな機能が備わっていますが、すべてを使いこなしている人は多くはありません。自動化したい機能がある場合は、「平均値を出したい」と入力してインターネットで検索をしてみましょう。使い方に詳しい人たちがすでにその方法を教えてくれていることもあります。検索するときは「Excel 20xx 平均値」のようにソフトのバージョンもあわせて入力しましょう。バージョンによって操作画面が異なり、参考にならないことがあるためです。

9章

シラバスを変える

1 授業改善の視点からシラバスを捉える

1.1 シラバスと授業改善

日本では大学設置基準第25条(2項)に「大学は、学生に対して、授業の方法及び内容並びに一年間の授業計画」と「学修の成果に係る評価及び卒業の認定に当たっては、(中略)学生に対してその基準」をあらかじめ明示することが定められ、シラバスを作成・公開することが義務づけられています。本章では、観察・分析の結果シラバスに課題があることがわかった場合に、どのようにシラバスを変えるかを説明します。

シラバスとは、「各授業科目の詳細な授業計画」のことです。一般に、「大学の授業名、担当教員名、講義目的、各回の授業内容、成績評価方法・基準、準備学習等についての具体的な指示、教科書・参考文献、履修条件等が記されており、学生が各授業科目の準備学習等を進めるための基本となるもの」であり、「学生が講義の履修を決める際の資料になるとともに、教員相互の授業内容の調整、学生による授業評価等」(中央教育審議会 2008)にも使われます。

また、シラバスには学生との契約という意義もあります(Slattery & Carlson 2005)。つまり、シラバスは、望ましい授業のために学生と大学教員の間でお互いがとるべき言動について交わした契約書でもあります。だとすれば、その内容を書き直すことは授業を改善することと同義ともいえます。

シラバスを書き直すという作業を通して、教員は授業の構成要素を網羅的に俯瞰することができ、各構成要素間の一貫性についてもチェックすることができます。また、他の授業科目との関連や、カリキュラムにおける当該科目の位置づけについて考えることで、自分の担当授業科目以外にも視野が広がりやすくなります。

1.2　シラバスの書き直しとキャリア発達

シラバスには、大学教員の教育業績を示す文書としての意義もあります。就職や昇進にあたって提出資料として求められることも多くなってきました。また、シラバスはティーチング・ポートフォリオの重要な根拠資料として用いられています(セルディン 2007)。このように、シラバスは優れた教育能力を証明する資料となります。シラバスを書き直すことは、学生の学びのためであると同時に大学教員のキャリア発達にもつながるのです。

シラバスを自分の教育業績記録として機能させるためには、バージョン(版数)の管理をしておきましょう。タイトルに作成年月日や版数をつけて保存していくことで、どのようにシラバスの改善が図られてきたのかという軌跡が残ります。ティーチング・ポートフォリオには、この軌跡を成長の証として含めることができます。シラバスがオンラインで一元的に管理されている場合、手元に更新履歴が残らないこともありますから、自分の手元に逐次保存しておくとよいでしょう。

1.3　授業開始後のシラバスの書き直し

シラバスはその授業に関する契約書でもあるので、原則的には授業開始後に書き直すことは好ましくありません。大学によっては、一定期間以降の変更は許可されない場合もあります。書き直したい箇所が見つかったら、次年度に開講される授業のシラバス提出時に反映させるとよいでしょう。

しかし、シラバス執筆時には想定できない社会や学習環境の変化があったり、書き直しをしたほうが学生の学びにとって好ましいと判断されたりする場合には、意図を説明した上でシラバスを書き直し、新たなシラバスを学生に配付する必要が生じます。たとえば、地震や豪雨といった災害、感染症の拡大、教員の交代などの非常事態により、想定していたスケジュールや学習環境で授業を実施することが難しくなった場合です。

また、初回の授業時に受講学生の学力が想定と大きく乖離していたことが判明したときに、教材の難易度を変えたりスケジュールを変えたりすることもあるでしょう。

すでに述べたように、このような場合であっても、シラバスの変更が可能かどうか、どの程度変えてよいかは大学によって異なります。書き直しをする前に、所属機関の担当者に確認するとよいでしょう。

2　シラバスを書き直す

2.1　シラバスの項目を見直す

シラバスの様式は大学によって定められていることが多いですが、表21に示すような項目が一般的です。

まずはこれらの各項目が所属機関のシラバス様式に盛り込まれているかどうかを確認しましょう。所属機関が提供するシラバスの様式に欠落している項目がある場合は、すでにある他の項目に入れ込むとよいでしょう。たとえば、「目的」という項目がない場合は「授業概要」に記載します。また、「課題（時間外学習）」がない場合は「授業計画」に記載します。

2.2　目的を書き直す

シラバスの項目の中で最も重要なのは、「目的」と「目標」です。これらを書き直す必要があるのは、たとえば次のようなことがあった場合です。

・受講学生の学力や意欲が予想と大きく違っていた
・学生の学習成果が予想と大きく違っていた
・予定していた内容が多すぎた

表21　シラバスの項目

授業題目	受講の必要要件
キーワード	受講時のルール
目的	教科書
目標	参考書・リソース
授業概要	オフィスアワー
授業計画	連絡先
課題（時間外学習）	学生へのメッセージ
成績評価	

表22　授業の「目的」の例

	職業志向	学問志向	生活志向
抽象的	・汎用的能力育成のため（コミュニケーション、論理的思考力、批判的思考力、課題発見・解決力、チームワーク、リーダーシップなど）	・真理探究のため ・知的好奇心喚起のため（知的に面白いから、ワクワクするから）	・豊かな人生を送るため ・地域、社会、国家、世界、人類に貢献するため
具体的	・仕事に必要な能力育成のため（将来の職場、現在の職場やアルバイト、就職、資格試験などに有利・不可欠）	・大学での学習に活かすため（専門教育の学習に有利・不可欠）	・学生生活に活かすため（単位取得、卒業、留学などに有利・不可欠） ・自己理解や他者理解のため ・友人、家族のため

・予定していた内容が少なすぎた

「目的」には、その授業を学ぶ意義や価値が記述されている必要があります。目の前の学生自身にとって意味のあるものとして捉えられるものになっているでしょうか。表22に示す授業の目的の例を参考にして、「目的」を書き直してみましょう。

2.3　目標を書き直す

「目標」には、達成できたかどうかを確認できる形で、求められる行動が記述されている必要があります。つまり、動詞を使って記述することが重要です（中島 1988、佐藤 2010）。抽象度の高い表現では学生の学習を促すことができないので、書き直す必要があります。たとえば、「他者と効果的にコミュニケーションを取り、チームで作業を分担しながら実験に取り組むことができる」「授業で扱った、哲学における重要な概念を一つ取り上げ、その概念の論争史を要約することができる」といったように具体的に記述します。その際、目の前の学生に見合ったレベルの動詞が使われているかどうかについても確認しましょう（沖と田中 2006、Anderson & Krathwoh 2001、中島 2016）。

設定されている「目標」に対して学生の学力が不足していた場合には、「受講の必要条件」を書き直すことも必要かもしれません。ここに学習の前提となる知識を明確に示しておくことで、受講学生の前提知識をそろえることができます。たとえば、推測統計学の場合、「代表値や散布度など記述統計の基本知識を前提とする」のように明記します。事前に履修しておくべき科目があればそれも記述します。

同様に、「参考書」に関する丁寧な説明も必要かもしれません。受講学生の学力差に幅がある場合には、入門的な参考書と発展的な参考書の両方を紹介することで、各学生が学力に応じた学びができるように支援します。書名だけではなく、簡単な内容紹介も添えるとよいでしょう。

2.4　授業計画を書き直す

「授業計画」を書き直す場合、学習内容の分量や難易度、学習順序、課題を出すタイミングを修正するとよいでしょう。

まず、学習内容の分量や難易度を見直します。学生全体の学習成果が想定以上に高く、個人差がほとんどつかないような状況であれば、分量を増やしたり、難易度を上げたりしましょう。逆に想定より低いのであれば、分量を減らしたり難易度を下げたりする必要があります。この変更は「目的」や「目標」の見直しとも連動しています。分量や難易度の変更をしなくても、教育方法や授業外学習の変更、参考書の提示で対応できることもあります。

次に、学習の順序についても見直してみましょう。学習順序の原則に、Ruleg（ルーレグ）とEgrule（エグルール）というものがあります（パイク 2008）。Rulegの原則では、原理・原則（Rule）を先に学んでから事例（Example）を学びます。Egruleの原則では、事例（Example）を先に学んでから原理・原則（Rule）を学びます。どちらの原則が適切かは目の前の学生によりますが、社会人のように経験を積んだ学生や理解力の高い学生が多い場合はRulegを、経験が少ない学生や理解力が不足している学生が多い場合はEgruleを適用するとよいでしょう。学習内容の変更するのではなく順番を入れ替えることで、学生のモチベーションが喚起されたり、効果的な学習が促進されたりすることがあります。

そして、課題を出す時期も再検討の対象となります。課題にかける時間が不足しているために課題の提出状況が悪かったり、あるいは採点が大変だったり、といったことが生じている場合には、課題の遂行にかける時間を増やしたり、課題提出の時期を変更したりしましょう。

2.5　成績評価を書き直す

「成績評価」は、シラバスの項目の中でも最も学生の関心が高い項目です。学生が多くの時間と労力を費やすのが「成績評価」のための課題ですから当然のことです。そして、それは教員にとっても同様です。評価のあり方は、学生ならびに教員の行動に大きく影響を与えるため、見直す価値のある項目といえます。

まずは、実際の成績評価方法と「成績評価」項目の記載内容が対応しているかどうかを確認しましょう。シラバスに記載されているにもかかわらず使用しなかったり、記載されていないにもかかわらず使用したりしている評価方法があれば、書き直しましょう。

次に、「目標」と「成績評価」の対応関係について確認しましょう。「目標」は、ほぼそのまま「成績評価」として機能するはずです。目標として設定されているにもかかわらず評価をしていなかったり、目標には設定されていないにもかかわらず評価しているものがあったりしていないか確認しましょう。

また、試験やレポート、授業の参加態度といった要素ごとの評点のバランスについても再検討しましょう（中島 2016）。「成績評価」においては、こうした評価方法のバランスはパーセンテージで表現されています（例：客観テスト50%、グループワークへの参加態度25%、毎回のコメントシート25%）。当然のことながら、割合を高く設定すれば、学生もその課題に費やす時間と労力を増やします。特定の課題の割合が高すぎる場合、学生は他の課題を軽視するかもしれません。そのような学習行動が見られた場合、割合を変更してみましょう。

2.6　その他の項目を書き直す

その他の項目にも望ましい学習を構成する重要な情報が含まれていますので、見直してみましょう。たとえば、観察の結果、授業中の学習態度の悪さが気になった場合、「受講時のルール」を変更しましょう。この項目では、学生に受講にあたっての約束事項を周知できますが、書き方が抽象的で曖昧なために教員が意図する学習態度が伝わっていない場合があります。具体的な表現に書き直してみましょう。

たとえば、「遅刻はできるだけしないようにすること」を「授業開始後10分以降の入室は遅刻とみなし、減点対象とする」に、「飲食については常識の範囲内で判断してください」を「蓋つきのペットボトルに入った飲み物であれば飲んでも構いませんが、食べ物を食べることは臭いや騒音を発生するため他者の迷惑になるので禁止します」といったように、基準や理由を明記します。

また、「参考書」などの学習を促すツールの紹介も丁寧に記述しましょう。新たに取り入れたい参考書、ウェブサイト、動画が見つかったら、更新していきます。単に資料名を列挙するのではなく、その概要を記したり、どういう人に読んでもらいたいか（初心者向き、大学院レベルなど）を書いたりして、毎回補足していくとよいでしょう。丁寧に記述することで、学生が実際にそのツールにアクセスする確率が高まります。

3　授業の構造を可視化する

3.1　授業の構造を可視化する意義

心理学における熟達化研究では、熟達者と初心者の違いは知識の量とその構造にあるとされています（アンブローズほか 2014）。つまり、熟達者の知識量は多く、かつ構造化されています。よって最適な知識へ迅速にアクセスすることが可能になり、効率的な課題解決が可能となるのです。

大学教員は特定分野における熟達者です。そして、一般的に学生は熟達者である大学教員のもとで学ぶ初心者です。大学教員が授業で教える内容の背後には体系化された知識構造が存在しています。しかし、大学教員にとっては自明なこの知識構造を、初心者である学生が理解するのは非常に難しいこととされています。そのため、熟達には時間がかかるとされるのです。

このような熟達化研究の知見を踏まえて、シラバスを見直してみましょう。シラバスは、授業全体を俯瞰し、授業で扱う知識構造を提示するためのツールといえます。たとえば、90分の授業が15回ある場合、その流れやトピック間の関係性という知識構造が明確になっていれば、学生の理解に役立ちます。そのためには、「目的」「目標」「授業計画」「成績評価」の各項目間に一貫性があることが表現されていなければなりません。

しかし、どんなに構造化された授業であったとしても、日本の大学で一般的なシラバス様式では、この構造をわかりやすく提示するのは難しいかもしれません。というのも、様式の自由度がなく、かつ文章で記述することが前提になっているからです。

3.2　グラフィックシラバスの特徴を理解する

グラフィックシラバスとは、「授業の主たるトピックの流れや構成が表現されたフローチャートあるいはダイアグラム」のことです（Nilson 2007）。つまり、各回の内容がどのように関係しているのかが図示されており、文章だけで記述されたシラバスに比べると、知識構造を的確に伝えることができます（図15）。図示することで、学習者の情緒、注意、教示、支援、記憶にアプローチしやすくなり内容理解を高めることができます（関 2007）。

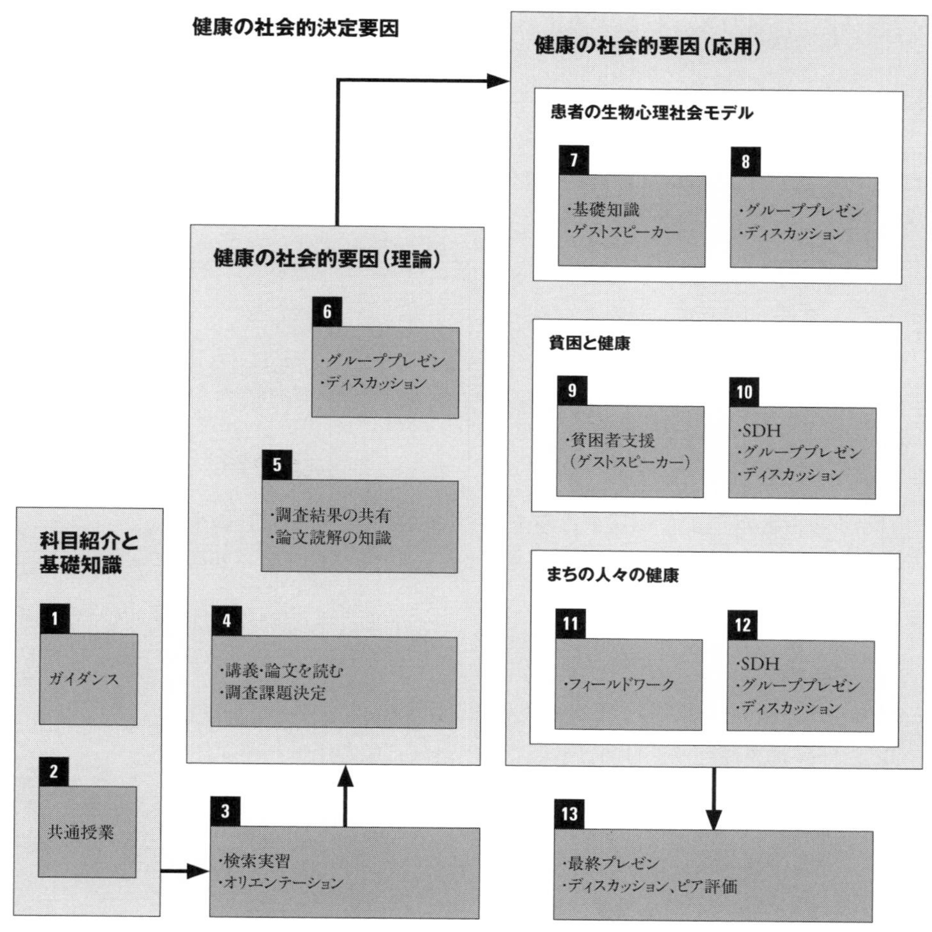

図15　グラフィックシラバスの例

グラフィックシラバスを作成することで、授業全体を俯瞰しやすくなります。その結果、授業全体の流れがよくない、内容がばらついている、内容に重複がある、順番を変えたほうがよい、といった改善点に気づきやすくなります。

所属機関で決められているシラバス様式にグラフィックシラバスを挿入することは難しいかもしれませんが、初回の授業時にグラフィックシラバスを別途配付することは可能でしょう。また、毎回の授業開始時にスクリーンにグラフィックシラバスを示して、その構造を繰り返し提示することも可能です。このようにして、熟達者のもつ知識構造を初心者に提示する機会を何度も設けることで、熟達化を促すことができます。

3.3 グラフィックシラバスを作成する

実際にグラフィックシラバスを作成してみましょう。準備するべきものは、従来のシラバス、A3判の白紙、付せんです。グラフィックシラバス作成の手続きは、次のとおりです(佐藤2013)。必要となる時間の目安は約20分です。

1｜キーワードの書き出し

当該授業で大事なことだと思っているキーワードを付せん(1枚に1語)に書き出す(1回のテーマ、核となる概念、目標など)

2｜配置

付せんを白紙の上に並べる。その際、順序性、同質性、優先順位性、因果関係などの構造原理を意識しながら並べる。付せん同士を矢印で結ぶと構造が顕在化する。

3｜見出し付け

似たような内容の付せんを丸で囲んでグループ化し、見出しを付ける。グループ間の関係も可視化する。

4｜自己点検

「キーワード同士の関係がわかりやすく示されているか」「興味深く見てもらえるか」「記憶に留まりやすいか」「学生にとって自らの学習内容の把握に役立つか」といった点に留意しながら見直す。必要に応じて並べ替える。

教える内容となるトピックをグループ化したり、グループ間の関係性を考えたりする作業は、パソコン上でも行うことができます。マインドマップ作成を目的としたソフトウェア（XMindなど）を使うとよいでしょう。ただし、初めて作成する場合は、白紙に付せんを貼り付けるというアナログな方法を使うことを推奨します。全体構造が定まってから、ワードやパワーポイントなどを使って完成させましょう。見た目の美しさや保存性、更新のしやすさの点で優れているからです。

第4部

授業改善を深める

10章

ティーチング・ポートフォリオを作成する

1　ティーチング・ポートフォリオについて理解する

1.1　ティーチング・ポートフォリオとは何か

これまで観察（LOOK）・分析（THINK）・行動（ACT）という三つのステップを踏んで、授業改善を行う方法を説明してきました。第4部では、そのサイクルを一歩深めて螺旋状に展開していく方法を説明します。1人でできるものもあれば、同僚教員や専門家と一緒に行う必要があるもの、組織として取り組む必要があるものもあります。

さて、LTAモデルにおける一連のサイクルの中核部分には、各ステップに強く影響を与える理念と知識が存在していました（3章参照）。明確な教育理念は、授業改善のサイクルを円滑に回したり、継続した授業改善を根底から支えてくれたりするものとなります。本章では、教育理念を明確にし、教育活動を振り返るツールとしてのティーチング・ポートフォリオを紹介します。

ティーチング・ポートフォリオ（以下、TP）とは、教員が自身の教育活動について行った自己省察に基づいて記述された本文と、その内容を裏づける根拠資料から構成される文書のことです（セルディン 2007）。日本では、教育業績記録と訳される場合もあります。第5部にはTPの実例を掲載しています。

1980年代にカナダで開発されて以降（カナダではTeaching Dossierと呼ばれています）、北米諸国やヨーロッパ諸国、オーストラリアなどで広く普及しています。日本でも2000年代以降、授業改善のツールとして全国の大学・短大や高等専門学校で広まりつつあり、導入している大学数は年々増加しています（Kurita 2013、文部科学省 2020）。中央教育審議会答申（中央教育審議会

2008）では、教育業績評価資料の典型例として紹介されています。

TPと一口にいっても、作成の対象となる教育活動の期間や作成の目的により、その中身は多様です。本章では、主にセルディンが提案したTPを参考にして日本でつくられた様式を紹介します（栗田 2009）。この様式は、授業改善を目的としたものであり、自己省察を重視したものとなっています。

1.2　ティーチング・ポートフォリオの特徴

ここではTPの四つの特徴について説明します。第一に、TPは総括的な自己省察によって作成される文書です。単なる事実や活動の列挙ではなく、また逐次的な自己省察でもありません。一般的には、3～5年という一定期間の教育活動について総括的に自己省察を行うことで、より深く根本的な教育活動の原理を見いだすことができます。

第二に、TPは経験年数や専門分野を問わず誰でも作成できます。作成者本人が教育に責任をもつ範囲を自ら定めて自己省察を行い、自らの教育活動が最も適切に表現される形で目次を定めることができます。所属大学によって定められた教育業績項目を埋めていく方法よりも自然に自己省察が促され、効果的なTPを作成することができます。

第三に、TPは根拠に基づく文書です。すでに述べたとおりTPは教育活動について自己省察に基づき記述された本文と、それを裏づける根拠資料から構成されます。作成者の主観のみではなく根拠資料が示されることで、教育業績評価の資料として活用され得る公正性の担保がなされます。特に教育の質に言及する場合は、質を証明する根拠資料を添付することが欠かせません。

最後に、TPは厳選された情報の集積です。TPの本文は作成者の教員経験年数によらず7～10ページです。この制限がTPの文章量が膨大となって回顧伝のようになることを防ぎ、さらに作成した後の利用可能性を高めます。必要十分な情報をTPに収めることで、更新することによる改善を可能とし、また教育業績の評価資料としての実用性を高めることができるのです。

1.3　ティーチング・ポートフォリオ作成の目的

TPの作成には、大別すると「教育活動の改善」と「教育業績の可視化」という二つの目的があります。

1 | 教育活動の改善

TPは、単に教育情報を羅列することではなく、授業に代表される教育活動に関する自己省察を通して作成されます。この作成過程において、教育活動を俯瞰し、活動の背後の方針や理念を明確にし、この理念を軸に教育活動を捉え直すことになります。そして、自身の理念と比較して現実を見ることで、そこに齟齬や不足が生じていることに気づきます。これらの齟齬や不足を解決する方法を目標として定めることで、教育活動の改善につなげることができます。ほかでもない自分自身の教育理念に基づいた目標設定を行うことで、表層的ではない、深いレベルでの授業改善につなげることができるのです。

2 | 教育業績の可視化

TPという共通の様式を使って教育活動を可視化することにより、教育業績をも可視化することができます。その際、担当科目数や学生数といった量的な情報だけではなく、授業や教育指導の質についても示すことが可能です。そのため、採用や昇進時には、これまで可視化されてこなかった教育業績にも注目して、適正な評価を行うことができます。数は少ないですが、日本の大学や高等専門学校の中には、採用や昇進時にTPを積極的に評価対象としているところもあります。

また、TPを使うことで、同僚教員と教育活動の共有がしやすくなり、結果として授業やカリキュラムの改善が促されることになります。たとえば、ある学科内の複数の教員がつくったTPが共有されることで授業科目間の関係の問題点が明らかになり、学科のカリキュラムの一貫性・整合性が高まるきっかけになるかもしれません。また、ある教員の優れた教育理念や教育方法が共有されることで、それらを取り入れた他の教員の授業改善につながるかもしれません。

さらに、TPを学外に公開することで、教員個人あるいは大学としての教育力の高さを社会にアピールすることにもなります。

1.4 教育理念を明確にすることの意義

TPを作成するには時間と労力がかかります。そこまでして教育理念を明確にすることの意義あるいは価値は何でしょうか。すでに見たように、教育理念とは、いわば、授業に代表される教育活動に対する自分自身の行動原理です。ところが、多くの教員は必ずしも教育理念を明確に自覚して

表23　理念を明らかにすることの意義

教員にとって	・教育者としてのアイデンティティの確認 ・プロフェッショナルとしての教育責任の定義 ・自分の行動原理の明文化 ・安定的で継続的･長期的な教育のガイドの入手 ・教育者としての成長の支え
組織にとって	・組織の理念に教員個人の理念がどう位置づけられるのかを問う機会 ・教育重視の文化を教員に伝える機会 ・教員や学生の変化を捉える文書
学生にとって	(理念が学生に共有されることで) ・より生産的な学びへの関与 ・明示された学生支援や尊重されていることの享受

出所　Goodyear & Allchin (1998)を参考に作成

いません。教員によっては、この理念は言語化されておらず、「絡まった毛糸玉」のような状態かもしれません。これを解きほぐして自分の理念として意識化することで、教育者としての軸や支えとなります。理念の明確化には表23に示すような意義があることが知られています。教員本人だけでなく、組織にとっても学生にとっても意義があることがわかります(Goodyear & Allchin 1998)。

2　ティーチング･ポートフォリオを作成する

2.1　本文を書く

TPは、本文とその内容を裏づける根拠資料から構成される文書です。TPの本文は、責任、理念、方針･方法、評価･成果、改善･努力、目標という項目で成り立っています。これらは、教育活動を俯瞰し自己省察を行う枠組となります。これらに沿って教育活動の自己省察を行うことで、これまで実践してきた教育活動の具体的な方法が理念や方針に具体的にひもづく形で整理され、統合的な捉え方ができるようになります。

1｜責任

TPの自己省察の対象となる教育活動を記述します。教育活動の期間としては、直近の3～5年以内が一般的です。多くの大学教員が負っている代表的な教育責任は、授業の担当でしょう。授業科目、必修･選択の別、対象年次、人数など具体的な情報を記述します。また、担当授業以外には、クラブ・サークル活動の監督・顧問、研究室での指導者、クラス担任、寮の主事、カリキュラム開発担当者、新任教員指導者、他機関での非常勤講師、公開講座の講師など、自分が「教育活動とみなす」ものをすべて含めます。これらについても、どのくらいの時間や労力をかけているのか具体的に記述します。

2｜理念

教育活動における自分の行動原理となっている重要な信念を理念として記述します。たとえば、教育を通じてどのような学生を育てたいか、大学教員としてどうありたいか、学問をどのように考えているか、などの問いに対する答えが理念となります。

理念は誰もが教育活動の根底に必ずもっているものですが、自覚的に理念に基づいて教育活動を行っている教員は少ないため、自己省察を通してこの理念に自ら気づくことがTP作成の大きな意義の一つとなります。

3｜方針・方法

教育の理念を実現するための方針や、その方針を具体化した方法を記述します。授業をどう組み立てているか、どのような教授方法を使っているのか、どう評価しているか、学生にどう接しているかなど、理念が教育活動において具体的に結びついた結果としての行動を記述します。

4｜成果・評価

教育活動を行った結果としてどう学生が成長したのか、また、学生あるいは第三者から教育活動がどのように評価されたのかについて記述します。授業後の学生の能力向上に加え、学生の研究発表、就職なども教育成果の例です。教育成果は特定の教員の力だけではなく、本人の努力や周囲のサポートがあってこそのものですが、学習成果に対して教員が行った部分的な寄与・貢献について具体例を挙げます。

一方、評価とは、自ら行った教育に対して、学生あるいは第三者から受ける評価のことです。授業評価の結果や授業参観の実施、優秀教員（ベストティーチャー）賞の受賞などが挙げられます。

5 | 改善・努力

日頃教育の質向上のために行っている努力について記述します。具体的には、研修への参加や資格の取得、教育に関する勉強会の実施などです。

6 | 目標

理念の実現に向けた今後の展望として設定するものです。短期目標・長期目標を区別し、短期目標として、1－2年で実現できるもの、長期目標としては抽象度の高いものを設定します。特に短期目標は、TPの更新時に達成できたか明確に判断できるように、具体的に行動目標として記述します。

ここで紹介した項目は、教育活動に関する自己省察および活動の可視化に際して手助けとなる基本的なものです。自分の活動を説明できる項目を自由に設定することも可能です。たとえば、特に教育と研究の結びつきを重視する教員の場合には、「教育活動と研究活動との関わり」といった項目を設定するとよいでしょう。

2.2　根拠資料を添える

TPにおける根拠資料とは、TP本文の内容が根拠をもった記述であることを示すための資料を指します。たとえば、「責任」として記述された授業科目があれば、シラバスが根拠資料となり、「評価」として「授業評価が平均に比べて高い」と記述されたならば、授業評価アンケートのデータが根拠資料になります。

TPにおける具体的な根拠資料は以下のとおりです(表24)。これら以外にも、目的に応じた根拠資料を添付することができます。特にTPが教育業績評価のための資料として用いられる場合には、根拠資料の存在は公正性を担保するために重要です。

これまで多くの大学での採用や昇進時には、研究業績に比べ、教育業績はあまり重視されてきませんでした。重視されたとしても、授業担当科目数や指導学生数など量による評価が主流だったといえます。したがって、TPは教育の質を評価するための有効な資料の一つとなり得ますが、その場合には記述の根拠を示す根拠資料の存在が重要になります。

なお、根拠資料には個人情報を含む場合があるため、個人名を匿名化するなど、扱いに注意する必要があります。

表24　各項目の根拠資料の例

項目	根拠資料
責任	シラバス、担当表、依頼状、担当した研修会などの開催案内
方針・方法	シラバス、授業案、テスト原本、レポート課題、配付資料、スライド資料、板書用ノート、動画、写真、授業評価結果
成果	学生の最終課題例、就職率、就職先、卒業論文タイトル、学生の学会発表資料
評価	授業評価結果、授業参観評価結果、学生からのメール、TAによる評価、教育賞の賞状、教育に関わる研究課題採択通知、教育に関わる教育論文・発表用ポスター
改善	改善前後の授業案、新しく取り入れた方法についての資料
努力	研修参加証、修了証、資格取得証、参加した勉強会の開催案内

3　他者とともにティーチング・ポートフォリオを作成する

3.1　ワークショップに参加して作成する

TPの本文は7～10ページという分量となりますが、普段書き慣れている論文や業績リストとは異なる、自己省察に基づいた文書です。TP作成のためには一定期間集中する必要がありますが、これを独力で完成させるのはかなり大変です。各地で開催されているTPワークショップに参加して、他者の支援を受けながら、集中できる場所でTPを作成することが推奨されています。

国内では、佐賀大学、大阪府立大学高等専門学校などで、定期的にTP作成のためのワークショップが開催されています（皆本 2012、大阪府立大学高専ティーチング・ポートフォリオ研究会 2011）。学内の教員が主たる参加者ですが、学外者が参加できるものもあります。これらのTPワークショップは2日半の集中的な日程が一般的です。ここでは標準的なワークショップのプロセスにしたがって作成方法を説明します（栗田 2009）。

図16がワークショップでTPを作成する場合のプロセスです。TP作成のワークショップでは、主催者より「TPチャート」と「スタートアップシート」という二つの事前課題が課されます。「TPチャート」はA4判のワークシートで、教育活動に関する項目を振り返って付せんに書き出し、それらを貼って整理することで、教育活動を概観するものです（栗田ほか 2018）。また、「スタートアップシート」は、「TPチャート」の記述内容を参考にし

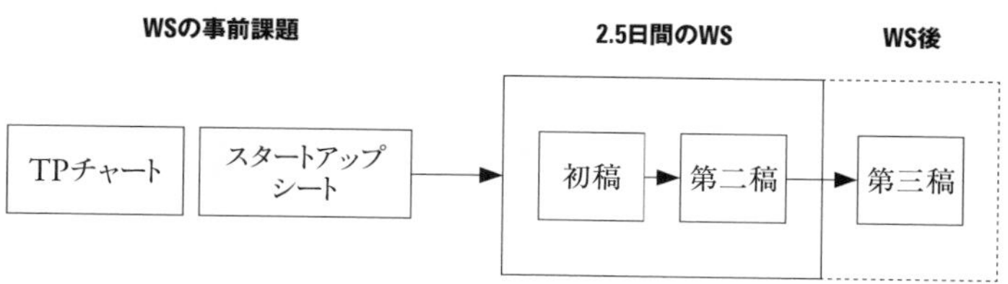

図16　TP作成のプロセス

ながら、設定された問いに文章で回答していくことで完成します。これによって、TP本文の土台が出来上がります。TPチャートの作成にかかる時間は2時間半ほどですが、より手軽に自己省察を行いたい場合は、TPチャートのみを用いることもできます。

2種類の事前課題を完成させて提出してからワークショップにのぞみます。典型的なワークショップのスケジュールを図17に示しました。TPをワークショップで作成することの最大のメリットは、メンターのサポートが受けられる点、他のメンティーとTP作成を支え合いながら作成できる点です。

ワークショップでは、事前課題を読み込んだメンターと呼ばれる作成支援者との1対1の対話を通して、教育活動について自己省察を深めます。メンターとの対話の機会は毎日設けられています。メンタリングをきっかけに作成者は深い自己省察を促されます。

自分の教育理念を核として、方針や方法、成果や評価などについて一貫性を構築しながら初稿を書き上げた後も、第二稿に向けた推敲を行います。そして、ワークショップの終了後には少し期間をおいて第三稿を完成させます。

ここで「TPを完成」ではなく「第三稿を完成」と表現したのは、TPは一度作成したら終わりではなく、更新を続けることに価値があるためです。定期的に更新をし、目標が達成されたかどうかの判断や、理念と方針・方法の一貫性をあらためて確認することで、授業が改善されていきます。

3.2　同僚とともに作成する

他者とともにTPを作成したいと思っても、参加できるワークショップが身近で提供されていない場合もあるでしょう。その際は、同僚に呼びかけてTPを一緒に作成するとよいでしょう。まずは、初稿の締め切り日を設定しましょう。学期の始まった頃や試験期間中は避け、休業期間明けや

	1日目	2日目	3日目
9:00		作成作業	作成作業
10:00		メンタリング 2-A	メンタリング 3-A
11:00		メンタリング 2-B	メンタリング 3-B
12:00		昼食・意見交換会	昼食・意見交換会
13:00	オリエンテーション	作成作業／個人メンタリング（予備）	To be a good mentor
14:00	メンタリング 1-A		作成作業 プレゼンテーション準備
15:00	メンタリング 1-B		
16:00	作成作業		プレゼンテーション
17:00			修了証授与式
18:00			
19:00	夕食会	夕食会	
20:00	作成作業	作成作業	
21:00			
22:00			
23:00	原稿提出　締切	原稿提出　締切	

図17　TP作成のためのワークショップスケジュールの例

休日明けなど執筆に専念できそうな時期の後を選びましょう。同僚の中にすでにTPを執筆し終えた教員がいれば、参考にするために見せてもらうとよいでしょう。そのような同僚がいない場合は、書籍などに掲載されているTPを参照して作成するとよいでしょう。

締め切り後には、相互に原稿を交換し合ってフィードバックする機会をつくります。初回のフィードバックは、対面で行うとよいでしょう。対面であれば改善を促すコメントも誤解なく伝わりやすくなります。そして、フィードバックを踏まえて修正を行います。何回フィードバックを行うのか、何稿まで書くのかは、作成する本人たちで決めましょう。

11章

授業改善を研究にする

1　授業改善を研究として捉える

1.1　授業を研究対象とする意義

多くの大学教員は、教育と研究を別のものとして捉えているかもしれません。中には、両者を背反するものとして捉えている人もいるでしょう。しかしながら、授業改善における一連のプロセスは、LTAモデルで示したように研究と同様のプロセスをたどります。実際に、教育学においては、長らく授業は研究対象として位置づけられており、特に初等・中等教育に関しては豊富な研究知見の蓄積があります。本章では、授業改善を個人的な取り組みにとどめず研究として位置づける方法について説明します。自身の授業を研究対象と捉えることには、次のような意義があります。

第一に、研究のプロセスに沿うことで、より精緻に授業改善を行えるようになります。研究として授業改善に取り組むことで、先行研究を調べたり、厳密な手続きに沿ってデータを収集したりすることになり、自己流ではなく、客観性の高い授業改善とすることができます。

第二に、内発的な動機を伴って授業改善に取り組むことができます。授業改善を法令上の義務と捉え、業務として取り組むよう指示している大学もあるかもしれません。しかし、授業を知的探究の対象とすることで、自ら立てたリサーチクエスチョンのもと、知的好奇心をもって授業改善に取り組めるようになります。

第三に、授業改善の成果を研究業績に位置づけることが可能になります。現状の大学教員の業績評価にあたっては、教育業績よりも研究業績が高く評価されがちです。そのため、個人的な授業改善の取り組みだけでは高く評価されない可能性があります。授業改善の成果やそのプロセスを、学術論文や学会発表として形にすることによって、研究業績として位置づけることが可能となります。

1.2 教育の学識とSoTL

ボイヤーは、大学において、教育・管理運営・社会貢献といった活動が研究と比較して軽視されている現状を批判しました(ボイヤー 1996)。そして、大学教員は研究者(researcher)ではなく学者(Scholar)であるとし、四つの学識(Scholarship)をもつべきであると主張しました。すなわち発見の学識(Schlarship of Discovery)、統合の学識(Schlarship of Integration)、応用の学識(Schlarship of Application)、教育の学識(Scholarship of Teaching)です。このうち、教育の学識を具体化するものとして、教育活動における学術的な探究を挙げ、その必要性を主張しました。

ハッチングスとシュルマンは、教育の学識という概念に学生の学習(Learning)の視点を加えてScholarship of Teaching Learning (SoTL)に発展させました(Hatchings & Shulman 1999)。SoTLとは、「教員による授業実践に関する学術的探究を通して教授・学習過程を改善する試み」(吉良 2010)のことです。

SoTLにおいて重視されたのは、教授・学習過程を改善する試みが学問コミュニティのメンバーによる批判的なレビューと評価の対象になること、そして、コミュニティのメンバーがそれを利用し発展させられることでした。

教育の学識やSoTLといった概念の登場により、1990年代後半以降、米国では大学においても授業実践を研究として位置づける動きが拡大していきました。これにより、これまで個人の取り組みとして捉えられていた授業改善が、研究として位置づけられるようになっていったのです。

2 研究のプロセスを理解する

2.1 リサーチクエスチョンを設定する

ここでは、授業を対象とした研究をどのように進めていけばよいのかについて説明します。まず、研究を行うにあたって最初にするべきことは、リサーチクエスチョンを設定することです。つまり、研究を通して具体的に何を明らかにするのかを問いの形式で表現します。たとえば、反転授業を

表25　リサーチクエスチョンの例

・反転授業を取り入れると出席率や授業への参加率・試験成績は向上するのか
・小テストを課すと授業外学習の実施率や試験成績の上昇に結びつくか
・グループワークの実施が学生の学習意欲の向上に結びつくか
・グループワークが活性化する要因は何か
・ルーブリックを取り入れると、学生のレポートの質が向上するか
・学生による相互評価は、教員による評価に対してどの程度の信頼性があるのか
・地域と連携した授業を行うことで、学生の主体性は向上するか
・自分が開発した教育手法は、他の科目の授業でも効果があるのか
・改善したカリキュラムによって、学生の退学率は減るのか

取り入れた場合に出席率・授業への参加率・試験成績は向上するのか、学習内容を定着させるためにはグループワークは何人で行うのが最適なのか、などです（表25）。

研究の対象は自分自身の授業でなくても構いません。たとえば、授業評価の高い教員の授業を観察し、学生の注目を集める教員の行動とは何かを分析する研究も考えられます。また、学部・学科レベルで新しく導入した必修の初年次科目の学習効果はどのようなものかを検証するといった研究も考えられます。

リサーチクエスチョンを設定する際には、通常の研究と同じく、同様のリサーチクエスチョンを扱っている先行研究がないかを調べて、先行研究との違いを明らかにするとよいでしょう。

2.2　研究計画を立てる①　取得するデータの種類を決める

リサーチクエスチョンを設定したら、そのクエスチョンの答えを探究するためにはどのような研究をすべきか計画を立てます。

まず、リサーチクエスチョンに答えるためには、どのようなデータを取得する必要があるのかを考えます。データの種類には大きく分けて量的なデータと質的なデータの2種類があります。両者の特徴を踏まえて、どちらのデータを取得するのかを決める必要があります。量的なデータとは文字どおり量を表す数値のデータであり、授業への出席率や試験の点数などが挙げられます。また、質的なデータとは単語や文章などテキストのデータであり、学生自身が記述する感想などが挙げられます。

量的なデータは、統計処理が可能なため大規模なデータ分析ができます。一方、質的なデータはそのままでは統計処理はできないため、大規模な分析には向いていません。ある質問に対する「はい」もしくは「いいえ」という回答は質的なデータですが、それを集計して「はい」の数と「いいえ」の数に変換すると、量的なデータになります。このように、量的なデータに変換しやすい質的なデータは、量的なデータの特徴ももっています。

2.3 研究計画を立てる② データの取得対象、分析方法を決める

次に、授業のどの期間を研究対象にするのかを決めます。授業の1回分における30分間のワークなのか、授業1回分なのか、授業全体なのかによって、研究期間が変わります。たとえば、反転授業を導入することによって学生の発言量が変わることを示したい場合は、1回分だけではなく1学期間の全授業回を対象として授業内の発言量を取得し、時間推移と発言量との関係を評価する必要があるかもしれません。

また、どのタイミングでデータを取得するのかも決めます。授業後の1回だけデータを取得するのか、授業前と授業後でデータを取得してそれらを比べるのかなど、目的によってタイミングは変わります。たとえば、反転授業の短期的な効果と長期的な効果を評価したい場合は、授業直後に1回テストを行い、さらに1ヶ月後に同様のテストを行うことが考えられます。また、1回分の授業が対象の場合、授業前と授業後でデータをとるのか、授業後にのみデータをとるのかで、結果の信頼性や妥当性が変わります。

そして、誰を研究対象にするのかについても決めます。ある学科の学生のみが受講しているのか、さまざまな学科の学生が参加しているのかによって、結果が変わる可能性があります。対象によって結果が異なる可能性を考慮した上で、対象とする授業、学生を決めることが重要です。

さらに、データをどのように分析するのかを決めます。量的なデータを統計分析するのか、質的なデータをカテゴリー分けするのか、などです。

2.4 研究計画を実行する

立てた計画にしたがって研究を実行します。大規模な実験や調査をする場合は、その前に予備実験・予備調査を行い、研究計画に問題がないかを確かめるとよいでしょう。たとえば、質問紙法を用いる研究において独自に質問紙を作成してデータ収集を行う場合には、大規模調査の前に小規模な集団に対して予備調査を行い、質問紙自体の項目分析をしましょう。

綿密な計画を立てていたとしても、場合によっては変更せざるを得ない状況も生まれます。たとえば、思ったように学生数が確保できない、といった問題はよく生じます。この場合、比較するグループのサイズを小さくしたり、グループの数を減らしたりするなど臨機応変に計画を変更しましょう。そして、データが取得できたら分析します。分析結果によっては、研究計画の再設計を行います。また、必要に応じて追加データの取得を行います。

2.5　研究成果を発表する

一定の成果が得られたら、それを対外的に発表します。発表を行い他者からフィードバックを受けることで、自身の授業改善に有益な情報を得られるだけでなく、その発表を見聞きした他者の授業改善を促すきっかけを提供できるかもしれません。

発表先としては、口頭での発表であれば、学内外のFD研修会、研究会、学会などが挙げられます。論文での発表であれば、学内の紀要、学会誌、学術雑誌といったジャーナルが挙げられます。日本においても、大学における教育実践を発表することのできる学会、論文投稿が可能なジャーナルも増えてきています(表26、表27)。

どの学会やジャーナルで発表するかについては、成果を共有することで自らの授業改善に有益なフィードバックが得られる場はどこかを考えて選択するとよいでしょう。たとえば、「物理学の授業におけるアクティブ

表26　大学における教育実践を発表できる学会

・International Society for the Scholarship of Teaching and Learning
・大学教育学会
・大学行政管理学会
・日本高等教育学会
・高等教育質保証学会
・日本教育工学会
・初年次教育学会
・リメディアル教育学会
・日本工学教育学会
・日本医学教育学会
・日本看護学教育学会
・日本物理学会
・日本化学学会
・日本経済教育学会
・大学教育研究フォーラム(京都大学)
・FDフォーラム(大学コンソーシアム京都)
・四国地区大学教職員能力開発ネットワーク(SPOD)フォーラム
・大学教育改革フォーラム in 東海
・大学教育カンファレンス in 徳島

表27　大学における教育実践論文を投稿できるジャーナル

・Teaching & Learning Inquiry	・経済教育
・大学教育学会誌	・大学評価・学位研究
・大学行政管理学会誌	・大学職員論叢
・高等教育研究	・高等教育ジャーナル（北海道大学）
・日本教育工学会論文誌	・名古屋高等教育研究（名古屋大学）
・初年次教育学会誌	・京都大学高等教育研究
・リメディアル教育研究	・立命館高等教育研究（立命館大学）
・工学教育	・大学教育実践ジャーナル（愛媛大学）
・医学教育	・大学教育研究ジャーナル（徳島大学）
・日本看護学教育学会誌	・香川大学教育研究
・大学の物理教育	・高知大学教育研究論集
・化学と教育	

ラーニングの効果検証」という専門に特化したテーマであれば、所属している学科内でのFD研修会や日本物理学会で発表を行ったり、学内紀要や日本物理学会が発行している『大学の物理教育』に論文を投稿したりすることが考えられます。また、「授業後に学生に振り返りをさせることの有効性の検証」という汎用性のあるテーマであれば、大学教育学会での発表や『大学教育学会誌』への論文投稿が考えられます。

2.6　研究倫理に配慮する

授業を研究対象にする場合には、主な調査対象者である学生への倫理的な配慮が必要です。たとえば、日本教育心理学会の倫理綱領では、「研究・実践活動の協力者となる者に対して、個人のプライバシー、秘密の保持、自己決定および自律性という個人の権利を尊重し、特に子どもの健全な発達を損なわぬよう配慮する」（日本教育心理学会 2012）とされています。

まず、学生に調査に協力してもらうことが学習の妨げにならないよう配慮することが必要です。また、調査対象者からデータを得る場合には、そのデータから個人が特定できないように匿名性を確保することも必要です。匿名にしていても調査対象者の人数や属性から個人が推測されることもありますから、十分に留意しましょう。

また、学生に調査に協力してもらうにあたっては、協力するかしないかを選択できる自由を保証し、十分な説明を行った上で同意を得ることも必要です。ただし、研究室の指導教員の立場で学生に調査協力を依頼する場合などは、学生が断りにくい状況になります。教員は単位認定権限をもつ立場にいることを自覚した上で、威圧的・強制的にならないよう十分に配慮しましょう。どのようにデータが用いられ、どのような形式で公開されるのかについても説明する必要があります。

授業に関わる調査を実施する上では、学内の倫理委員会から承諾を得ることが必要な場合があります。倫理委員会で審議してもらうことによって不十分な点が発見されることもありますので、委員会がある場合は活用しましょう。

3　研究手法を理解する

3.1　観察法

観察法とは、文字どおり授業の様子を観察することでデータを集める方法です。授業への参加度、態度、教員の身振り手振り、移動などさまざまなものが観察の対象となります。それらの観察から得られたデータを用いることで、その授業の特徴や効果を明らかにします。この場合、実際に観察を行うオブザーバーの役割が重要になります。オブザーバーはどこに着目して観察を行うかを理解しておくべきであり、オブザーバーが観察したデータの信頼性は高くなければいけません。ただし、オブザーバーが存在していることで通常の授業とは異なる雰囲気にならないように配慮する必要があります。

ここでは、観察法を用いた研究の具体例として、双方向授業の効果検証に関する研究を紹介します（Deslauriers 2011）。この研究は、教育経験の長い教員による一方向授業と、教育経験が少ない教員による双方向授業を比較するものです。この研究では、授業の効果を検証する方法の一つとして観察法が用いられました。このときの評価指標は、学生の授業への参加度です。授業に出席していたとしても、授業とは関係ない作業をしたり友人と雑談をしたりしている場合、授業への参加度合いは低くなります。

実際には、4人の訓練されたオブザーバーを実験前および実験中の授業に参加させ、250名以上の学生の授業への参加度を観察させました。具体的には、オブザーバーが1人あたり10～15名の学生をランダムに選び、その学生がメール操作、ウェブ閲覧、授業とは関係のない書籍の読書といった行為をしていないかチェックしました。

その結果、一方向授業では、授業への参加度は実験前も実験中も約45%であったにもかかわらず、双方向授業では、実験前に比べて実験中の学生の出席率が増え、授業への参加度も約45%から約85%へと大幅にアップしました。

3.2 質問紙法

質問紙法とは、テーマに関係する質問項目が記述された紙を作成・配付し、研究対象者に回答してもらう方法です。質問紙として実際の紙を用いる場合もありますし、オンラインアンケートを用いる場合もあります。紙を用いたほうがその場で回答してもらうことができるため回収率は高くなりますが、デジタルデータに変換するための入力作業に労力が必要です。オンラインアンケートを用いると、最初からデジタルデータとして処理できるので労力は省けますが、回答率は下がる傾向があります。

質問項目は、主に尺度を用いる項目と自由記述を用いる項目に分けられます。尺度を用いる項目とは、質問に対して「はい」「いいえ」など、限られた選択肢を用いて回答する項目のことです。たとえば、「授業中、時間を忘れて没頭した」に対して「大変そう思う」「そう思う」「そう思わない」「全くそう思わない」の中から一つ回答を選んでもらう項目が挙げられます。この項目は統計処理することができるため、大規模な調査に適しています。自由記述を用いる項目とは、質問に対して、選択肢ではなく単語や文章を用いて回答する項目のことです。たとえば、「授業を通して学んだことを教えてください」といった項目が挙げられます。この項目は、回答の選択肢を事前に用意しないため、研究者が想定していないような回答を得たい場合に適した項目です。

ここでは、質問紙法を用いた研究の具体例として、前述の双方向授業の効果検証研究を紹介します(Deslauriers 2011)。この研究では、一方向の授業と双方向の授業を評価する方法の一つとして質問紙も使われています。質問紙には、「双方向の教育方法を非常に楽しんだ」や「授業全体を双方向のスタイルで学びたいと感じた」といった設問に対して、「非常にそう思う」「そう思う」「どちらとも思わない」「思わない」「全く思わない」という回答項目がありました。結果としては、前者の項目に対しては90%以上の学生が肯定的に回答し、満足度が高かったことが示されました。また、後者の項目に対しては77%の学生が肯定的な回答をして、否定的な回答をしたのは7%の学生のみであり、多くの学生によって双方向の教育方法に対する肯定的な回答が示されました。

3.3　面接法

面接法とは、研究者が研究対象者との対話を通してデータを収集していく方法です。解明されていない事実が多く、新たなことを詳しく知りたい場合に適切な方法です。面接の方法は、大きく分けて、構造化面接、非構造化面接、半構造化面接の3種類あります。

構造化面接は、事前に用意した質問紙を用いて、その項目どおりに質問して回答を得ていく方法です。この方法は、前項の質問紙法と似ていますが、対話を通して行うため、質問項目の回答漏れを抑えることができます。事前に聞きたい内容が決まっていることから、仮説の検証に適した方法といえます。

非構造化面接は、構造化面接のように質問紙は用意せず、自由に対話する方法です。これは、対話を通して相手のことを多面的に知るために行われます。仮説検証というよりも、仮説を生成する段階に適した方法です。

そして、半構造化面接は、構造化面接と非構造化面接の中間であり、事前に質問紙を用意しつつも、必要に応じて質問紙にはない内容を含めて対話を行い、知りたいことを深く聞いていく方法です。こうすることで、流れに沿って対話を進めていくことができます。これは、仮説の検証・生成どちらにも適用できる方法です。

ここでは、面接法を用いた研究の具体例として、アクティブラーニングの導入に関する研究を紹介します（Niemi 2002）。この研究は、どのような教師教育をすればアクティブラーニングの導入が促進されるのか、アクティブラーニングを導入するにあたって何が障壁となっているのかを明らかにするために行われました。研究対象は、教師教育に携わる大学教員、小学校から高校の教員、小学校から高校までの生徒でした。面接においては、小学校から高校の教員と生徒に対してさまざまな質問が投げかけられました。

たとえば、「アクティブラーニングを導入する上で最も障壁になるものは何だと思うか?」という質問に対する回答を分類したところ、教員も生徒も、生徒の人数が多いこと、教室などの学習環境や教材が乏しいことが障壁になっていると考えていることがわかりました。また、教員特有の回答としては、カリキュラムの内容が多く時間が足りないこと、生徒特有の回答としては、時間が足りないため表面的なワークになりやすいことが挙げられました。

3.4　実験法・準実験法

実験法とは、原因と考えられる要素を変化させ、それによって結果がどのように変化するかを調べる方法です。その際、何かしらの介入を行って要素を変化させるグループ（実験群）と、介入を行わない、すなわち要素を変化させないグループ（統制群）に分けて、結果を比較します。たとえば、反転授業を取り入れる場合と取り入れずに一方向的な授業を行う場合で学習効果が異なるかを調べることがこれに当たります。反転授業を取り入れるグループが実験群、取り入れないグループが統制群になります。そして、テストの結果や授業への参加率を指標にして二つのグループを比較することで、反転授業の効果を明らかにします。

実験法においては、実験群と統制群の条件を同等にするため、各群をつくるときに無作為化する、つまり各群に被験者をランダムに配分する必要があります。そうしなかった場合、実験群と統制群の結果に違いがあったとしても、実験群の集団と統制群の集団にもともと違いがあったからではないか、という指摘に反論できないからです。たとえば、学生をランダムに分けずに反転授業を取り入れるグループと一方向的な授業を行うグループをつくって実験を行い、反転授業を取り入れたグループの方が試験の成績が良かったという結果が得られたとしても、もともと学生の学力差があったという可能性が残ります。各集団における学生の学力や意欲を同質にするためには無作為化が必要となります。

しかし、現実の授業においてはそのような理想的な状況をつくり出すことはできません。同じ教員が同じ時間帯に同じ場所で同じ学生たちに対して、反転授業を取り入れた場合と取り入れなかった場合の結果を同時に得ることは不可能です。実際には、反転授業を取り入れる教員と取り入れない教員が異なっていたり、同じ教員が実験したとしても時間帯が異なったり、授業ごとに学生のモチベーションが異なったりします。このように、完全に条件を同等のものにして実験群と統制群を比較することは、現実の授業においては困難です。

実験法には劣りますが、できるだけ信頼性、妥当性の高い結果を出すための、準実験法というものがあります。準実験法とは、無作為化をしない、統制群をつくらないなど、実験法において必須の要素が欠けた方法のことです。たとえば、無作為化をしなければ、基本的には結果の比較を正しくできません。そこで、無作為化はできない場合でも、事前の試験を行うことによって集団の同質性を確かめるといった工夫を行うことで集団を比較できないかを検討します。

ここでは、準実験法に関する4種類の実験デザイン方法を説明します。すなわち、1群事後デザイン、1群事前事後デザイン、2群事後デザイン、2群事前事後デザインを扱います。

1｜1群事後テストデザインで実験を行う

1群事後テストデザインとは、統制群をつくらず事後テストのみを用いる実験デザインです。たとえば、反転授業を取り入れるグループのみを対象とし、その授業後にテストを行い、学習効果を確かめるという実験デザインになります（図18）。

この実験デザインは簡単に導入することができます。しかし、効果の比較ができないことがデメリットです。つまり、事前テストを行っていないため、事後テストで高い点数が出たとしても、その結果はもともと学生がもっている知識や能力によるものである可能性が排除しきれません。また、実際に効果があったとしても、どれほどの効果なのかを知ることはできません。そのため、統制群を設置することや、事前にもテストを行うことが推奨されます。

この実験デザインを使った場合でも、効果の妥当性や信頼性を高められる方法が二つあります。これらは他の実験デザインでも適用できる方法です。一つめは、過去との比較に関する質問をすることです。具体的には、これまでの教育方法と比べてよく学べたかといった質問をすることで、擬似的および主観的ではあるものの、それまでの教育方法との比較ができるようになります。主観的な評価であるため、効果の客観性には乏しいことに言及しておくとよいでしょう。

二つめは第三者による評価も加えることです。たとえば、オブザーバーやTAに、第三者の立場から教育方法に対する評価をしてもらうことによって、効果を多角的に評価できるようになります。

2｜1群事前事後テストデザインで実験を行う

1群事前事後テストデザインとは、統制群をつくらず事前テストおよび事後テストを用いる実験デザインです。たとえば、反転授業を取り入れる

	介入前	介入中	介入後
統制群			
実験群		反転授業	テスト

図18　1群事後テストデザインの具体例

	介入前	介入中	介入後
統制群			
実験群	テスト	反転授業	テスト

図19　1群事前事後テストデザインの具体例

グループのみを対象とし、授業前と授業後にテストを行うという実験デザインになります（図19）。

この実験デザインは、事前と事後にテストを行っているため介入の効果を確かめることができます。具体的には、反転授業によってどれくらいの学習が促されたのかを評価することができます。しかし、デメリットとして、他の要因による変化の可能性を排除できないこと、他の介入方法の効果と比較できないことが挙げられます。たとえば、反転授業の事前テストと事後テストの結果に大きな差があったとしても、反転授業という方法とは関係なく教員の説明の仕方が良かったために学習効果が高まった可能性を捨て切れません。

また、反転授業による効果はある程度把握できますが、その効果が一方向授業による効果に比べて非常に大きいのか、同じなのか、もしかしたら小さいのか、という効果の比較はできません。そのため、統制群の設置が重要になってきます。

3｜2群事後テストデザインで実験を行う

2群事後テストデザインとは、実験群に加えて統制群もつくり事後テストを両群に対して行う実験デザインです。たとえば、反転授業を取り入れた授業を行うグループと一方向授業を行うグループに分けて、授業後にテストを行う実験デザインになります（図20）。

この実験デザインでは、統制群を設置しているため、実験群の効果を統制群の効果と比較して評価することができます。具体的には、反転授業と一方向授業の効果の差を評価することができます。しかし、デメリットと

	介入前	介入中	介入後
統制群		一方向の授業	テスト
実験群		反転授業	テスト

図20　2群事後テストデザインの具体例

	介入前	介入中	介入後
統制群	テスト	一方向の授業	テスト
実験群	テスト	反転授業	テスト

図21　2群事前事後テストデザインの具体例

して、実験群の集団と統制群の集団が同質であることを示せない点が挙げられます。たとえば、反転授業を受けた学生たちによる事後テストの結果が一方向授業のものよりも良かったとしても、もともとの学生集団に差があった可能性を否定できません。そのため、統制群を設置したとしても、その効果の妥当性や信頼性は高くありません。よって、次項で説明するように事前テストも行うことで効果の信頼性を高める必要があります。

4｜2群事前事後テストデザインで実験を行う

2群事前事後テストデザインとは、実験群に加えて統制群もつくり、事前テストおよび事後テストを両群に対して行う実験デザインです。たとえば、反転授業を取り入れるグループと一方向授業を行うグループに分けて、授業前と授業後にテストを行う実験デザインになります（図21）。

この実験デザインでは、統制群を設置していること、事後テストのみならず事前テストを行っていることから、実験群の効果と統制群の効果を比較することができます。このデザインは、これまでに紹介した三つの実験デザインのデメリットを克服しており、有用な実験デザインです。しかし、このデザインですら完全ではなく、事前テストで集団間に顕著な差がある場合には介入の効果を正確に評価することは難しいのです。また、事前テストで評価していない部分が結果に影響を与える可能性も排除できません。

そこで、本実験デザインを用いたとしても、結果に影響を与える要因を特定し、それを可能な限り排除するよう、慎重に実験計画を立てる必要があります。

12章

同僚とともに授業を改善する

1　他者とともに授業改善に取り組む

1.1　他者とともに授業改善に取り組む意義

ここまでは、1人でも実施可能な授業改善の方法について説明してきました。個人で授業改善を行うことのメリットとしては、自分のペースで進めることができる、手軽に始められる、あまりコストがかからない、などがあります。一方で、ペースメーカーがないために取り組みが持続しにくい、他者からのフィードバックがないため新たな知見が生まれにくい、自らのもつ経験や知識を基盤にするために分析が主観的となる、改善のためのアイデアが広がらない、というデメリットもあります。

こうしたデメリットを克服するための方法の一つが、他者とともに授業改善に取り組むことです。この方法には、他者と会う機会や約束事がペースメーカーとなり取り組みが持続しやすい、他者からのフィードバックにより新たな知見が生まれやすい、さまざまな経験や知識をもつ他者との交流により客観的な視点で分析が可能となる、改善のための多様なアイデアが生まれる、というメリットがあります。

すでに述べたように、日本の初等・中等教育機関においては、教員同士が授業改善を目的に授業研究に取り組んできた長い歴史があります(1章参照)。単独ではなく、他者とともに授業改善に取り組む意義とその効果を教員が感じ取ってきたことこそ、長く授業研究が継続してきた理由でしょう。

1.2　同僚とともに授業改善を行う

授業改善をともに行う他者は、必ずしも同じ組織の同僚教員である必要はありません。他の組織の教員や専門家も含まれます。しかし、本章では同じ大学に勤務する同僚教員とともに授業改善を行うことを中心に説明していきます。なぜなら、同僚とともに行う授業改善には、以下のようなメリットがあるからです。

・教えている学生が同じなので共通の前提条件が多い
・移動にかける時間や労力が最低限に抑えられる
・日常的に会ったり連絡を取ったりする機会が多く、取り組みを継続しやすい
・専門家などを呼ばなくてもよいためコストを抑えることができる

実際のところ、大学教員は同僚教員との気軽な会話の中で、「今年の新入生は私語が多いですね。どう対応していますか」「オンラインでの授業はうまくいっていますか」「成績をつけるための表計算ソフトの使い方を教えてもらえませんか」といった言葉を交わして、情報を交換し合っているかもしれません。あるいは相互に授業を見に行ったり、読んで参考になった書籍を紹介し合ったりしているかもしれません。もしそうであれば、授業改善という言葉を使っていなくても、すでに同僚とともに授業改善を行っているといえます。

1.3　実践共同体として授業改善を行う

このように授業改善に取り組む同僚教員のコミュニティは、実践共同体(Community of Practice)の一つとして位置づけることができます。実践共同体とは、あるトピックに対する興味、関心や問題意識、情熱を共有し、それらについての知識や専門性を現在進行形で交流しながら深めていく人々の集団と定義されます(Wenger et al. 2002)。

同様の概念に学習共同体(Learning Community)があります。実践共同体が経営学でよく使用されるのに対し、学習共同体は教育学・生涯学習論でよく使用されています。学習共同体は「学習の目的のために知的相互作用に取り組む人々の集団」と定義され(Cross 1998)、実践共同体に比べて、より学習に特化した共同体です。とりわけ大学教員によるものは、ファカルティ・ラーニング・コミュニティと呼ばれることもあります(Cox 2004)。これは、6～15名の多様な専門分野の大学教員で構成されるコミュニティであり、年間にわたって複数回の勉強会などを開催しながら授業改善に取

り組んでいるのが特徴です。

このように長期間の関与を伴う実践共同体による取り組みは、授業改善に効果があることがメタ研究からも明らかになっています（Chism et al. 2012）。大学による授業改善のための助成金制度、ベストティーチャー賞などの表彰制度、FD担当者による授業コンサルテーションといったFD活動も、実践共同体と結びついていなければ有効でないこともわかっています。

実践共同体の価値は、多様な専門性に基づく価値創造にあるといわれていますが、それだけではなく、組織開発や専門性の向上、信頼関係やイノベーション力の向上、人間関係や帰属意識の醸成による自信やアイデンティティの付与、戦略策定への参画・寄与といった価値もあるとされています（松本 2019）。実践共同体は、各教員の授業改善のみならず、組織全体の開発にも貢献できるのです。

1.4　越境学習として授業改善に取り組む

学内でともに授業改善に取り組む同僚が見つからない場合、どうしたらよいでしょうか。近年、社会人の学習方法として越境学習が注目されています。越境学習とは「個人が所属する組織の境界を往還しつつ、自分の仕事・業務に関連する内容について学習・内省すること」（中原 2012）です。

具体的には、異業種交流会、ボランティア活動、地域コミュニティ活動などがそれに当たり、境界を越えた状況が生起した場合には、本業の業務遂行状況に正の影響を及ぼすことが示唆されています（石山 2018）。その理由は、境界を越えることで、学習者は自らが準拠している状況の意味とは異なる意味の存在を認知し、意味の交渉を行う可能性を広げることができるからだとされています。

越境学習が求められる理由として、職場には異質な他者との出会いによるイノベーションが求められること、キャリアに対する責任が組織から個人に移行し、個人の成長が組織内部だけに限られなくなってきていることが指摘されています（舘野 2017）。

とはいえ、大学教員にとって越境学習という概念は目新しいものではありません。国内外の学会・研究会や企業や行政との共同研究の場がまさにそれであり、その効用については十分理解されているといえます。よって、これからは研究だけではなく、授業改善のための越境学習の場として、他大学の教員と交流してみましょう。実際には、学外で開催される教育関係の学会や研究会に参加したり、授業改善のためのオンライン講座でともに学ぶ中で知り合った教員と取り組みを始めたりするのがよいでしょう。同じ地域であれば対面での交流が可能でしょうし、遠隔地であったとしてもZoomやWebexといったウェブ会議システムを使ってオンライン上で交流することも可能です。

2　授業参観を行う

2.1　授業参観の多様性

同僚とともに授業改善に取り組む方法として、ここでは授業参観を紹介します。文部科学省の調査によれば、433校(56.5%)の大学が教員相互の授業参観を実施していると回答しており、授業参観は広く普及した方法といえます(文部科学省 2020)。

授業参観は特定の教員が自らの授業を公開し、他の教員がそれを観察するというものです。業務時間内に教員相互で行われることが多く、企画・運営に関わるコストが低いため、気軽に取り入れることができる取り組みです。授業を参観する教員が参考になる点を発見するだけではなく、授業を実施する教員も普段とは異なる環境で授業をすることで授業の課題に気づきやすくなります。授業参観は、複数の教員の視点で、教室で何が起こっているのかを高い精度で観察することで、参観者・実施者双方が改善策を生み出すことができるという特徴をもっています。

授業参観の実施形態は多様です。以下に授業参観の形態を項目ごとに分類しています。どのようにするかは、授業参観の目的・目標や職場の組織文化に応じて決めましょう。

1 | フォーマリティ(公式性)

インフォーマルな形で授業参観を行う場合、授業参観を企画する教員が周囲の同僚に声をかけて開催することができます。しかし、こうしたインフォーマルな授業参観ができない場合もあります。たとえば、そのような同僚を周囲に見つけることが難しい、そのような声かけがしにくい組織文化がある、といった場合です。また、すでにインフォーマルな形で授業参観を実施しているものの、参観者数を増やしたい、いつも同じ参観者ばかりなので新規参観者を確保したい、といった場合は、学部・学科や全学に呼びかけて、関心のある教員を集める必要があります。場合によっては、FD委員会などに提案を行って、フォーマルな形で授業参観を実施する必要があるかもしれません。

2｜授業実施者

授業を特定の教員だけが公開するのか、授業参観に参加する全員が公開するのか、ということです。一部の教員だけが授業を公開する場合は、学生からの評判が良い教員や授業経験の豊富な教員に依頼するのが一般的です。これらの教員の授業は、参観する教員にとってモデルになる可能性が高いからです。逆に授業経験の浅い若手や新任教員に依頼することもあります。授業経験が少ないため、参観者からのアドバイスが有益だからです。一方で、授業参観を行う全教員が相互に授業を公開する場合もあります。アドバイスをする、されるという関係ではなく、フラットな関係のもとで、授業参観をすることができます。

3｜参観者の範囲

一般的に授業参観ができるのは、所属大学、学部・学科の教員ですが、職員や管理職、あるいは他大学の教員、保護者や一般市民にまで広げている事例もあります。

同じ学部・学科の同僚教員のみが参観できる場合、専門領域に関して共通の理解があるため、主に授業内容に関する事項を中心に観察することになります。一方、広く公開して多様な人が参観できる場合、授業内容についての理解度が異なるため、授業方法に関する事項を中心に観察することが多くなります。

参観者を限定する場合には、相互に責任がある、特定の少数の参観者に絞ることが可能です。2～4人などの少数を参観者数の上限とすることで、授業実施者に安心感を与えることができ、責任あるコメントがやり取りされるコミュニティができあがります。一方、参観者の範囲を広くした場合、授業参観後の検討会では多様な意見が出て、普段思いつかないアイデアが生まれる可能性がありますが、議論にズレが生じる可能性もあります。また、授業実施者の側にも、誰が参観しても不安を感じにくい教員もいれば、誰が参観するのかわからない状況では不安を感じる教員もいます。

4｜参観時の観点

授業参観時の観点を設ける場合と設けない場合があります。観点を設ける場合、授業実施者は、事前に観点を知ることができるため、精神的な負荷が低減されます。詳細な観点を用意するのではなく、「授業内容」と「授業方法」のように大きな観点を提示するのにとどめることもできます。あるいは、授業実施者が特定の観点を指定し、参観者はその点のみについて観察することもできます。他の教員の授業参観時のものと同じ観点を使うことで、比較もしやすくなります。

一方で、観点を設けない場合、参観者は自ら関心のある観点に基づいて自由に参観することができますが、どのような授業が良い授業なのかがわからない参観者の場合は、表面的な参観しかできない可能性があります。

5｜参観者の授業参加

参観者は、客観的に授業を観察するために、授業には参加せずに、教室の後部に座ったり立ったりして、授業実施者や学生の言動を観察するのが一般的です。これを「観察型」の授業参観と呼びます（今野 2017）。

一方、ワークを導入した授業などでは、授業実施者の判断により、参観者が学生とともにグループで議論をしたりする場合があります。また、授業中や授業終了後に参観者が学生にインタビューを行ったりする場合があります。これを「参加型」の授業参観と呼びます。授業実施者が通常の授業では知り得ない情報を入手することもできますが、「参加型」の授業参観の場合、参観者が授業や学生に何らかの影響を与えることは避けられません。

6｜回数

授業参観は、たとえ1回しか行われなくても、組織全体としてみれば授業改善効果があることが明らかになっています（大同工業大学 2009）。しかしながら、その1回分の授業参観で得られた知見を踏まえて、授業実施者が授業を改善していくプロセスを相互に参観し続けるように複数回実施することで、中・長期間に渡る継続した授業改善の機会とすることもできます。最低でも2回実施できれば、参観者も授業実施者も1回めと2回めの授業改善の軌跡を認識することができます。

表28　授業参観の目的と目標

	目的	目標
例1	若手教員の授業方法の改善	学生による授業評価アンケート結果の向上
例2	新規開講授業の教育効果検証	目標の達成度の測定、教育内容の妥当性の検証
例3	昇進を控えた教員の教育業績評価のための練習	昇進時の管理職による授業参観における高い評価の獲得

7｜授業検討会の実施

授業検討会とは、授業参観の後に、関係者が集まって、参観した授業について議論を行う場のことです。授業検討会を開催しなくても、参観者が授業実施者に対して口頭や文章でフィードバックを送ることもできます。

2.2　授業参観の目的と目標を定める

授業参観を行うためには、その目的と目標が明確でなければなりません。たとえば、以下のような例が想定されます。目的と目標が不明確な場合、参観者は観点が絞れず、授業実施者に適切なフィードバックを送ることができません。場合によっては、授業実施者も参観者も授業参観の意義を感じ取れなかったり、達成感をおぼえることができなかったりして、授業参観を継続できなくなるかもしれません。何のための授業参観か、何を目標とする授業参観なのかを、事前に決めておきましょう（表28）。

2.3　授業実施者と参観者を集める

授業参観の目的と目標が定まったら、授業実施者を決めましょう。授業参観を企画した本人が最初の授業実施者になるのが自然です。そうすれば、その後の授業実施者を見つけやすくなります。非常に重要であると同時に困難であるのが、2番めの授業実施者を見つけることです。授業参観が広がるかどうかは2番めの授業実施者が円滑に見つかるかどうかによるともいえます。

まずは学生からの評判が良い教員にインフォーマルに声をかけてみましょう。その際は、授業参観の目的と目標を明確に伝えます。これでうまくいけばよいのですが、断られてしまう可能性もあります。事前にその理由を想定しておきましょう。

第一に、他者からの批評を恐れているかもしれません。特に、過去に授業評価アンケートにおいて学生から否定的なコメントを書かれた教員は精神的に傷ついており、参観されることで同様のコメントが出るのではないかと恐れている場合もあります。

第二に、授業のノウハウが流出したり、さらなる授業参観の依頼が増えたりすることを恐れているかもしれません。学生から高い評価を受けている教員にこそこのような傾向があります。

第三に、授業参観をすることで、学生が動揺したり緊張したりして、学習が阻害されると感じているかもしれません。

いずれも、授業参観の意義やメリットが理解されていないこと、職場に同僚性が構築されていないことが根本的な原因です。理由はどうあれ、気乗りのしない教員の授業を無理に参観することは誰にとってもメリットがありません。残念ですが、申し出が断られた場合は、気持ちを切り替えて他の教員を探しましょう。

快諾してくれる授業実施者が見つかったら、次に参観者を集めます。参観者は1人でも構いませんが、複数の参観者がいれば、それだけ視点も多元的になり、より豊かな授業分析が可能となります。授業実施者が嫌がらなければ、他の同僚にも声をかけてみましょう。実際は、参観者を継続的に確保し、増やしていくことは簡単ではありません（京都大学高等教育教授システム開発センター 1997）。ポスターやメールを使って多数の同僚に呼びかけることもできますが、継続的で実質的な授業改善の場をつくることを考えれば、信頼できる少数の教員（2～3人）が責任をもって参観するほうがよいかもしれません。第5部で紹介しているティーチングスクエアはその具体的な方法です。

授業参観時には、シラバスや授業案など、どういった授業をどのような理念・目的・方法で行っているのかについて記された資料が参観者の手元にあると便利です。授業実施者には事前に準備を依頼しておくとよいでしょう。事前配付する資料の実例を第5部に掲載しています。

2.4　授業を参観する

すでに述べたように、授業参観は、複数の教員の視点で、教室で何が起こっているのかを高い精度で観察することができる点が特徴です。逆にいえば、授業実施者が日頃観察できることや学生による授業評価アンケートで記述される情報以上のデータを集める必要があります。そのためには、授業実施者本人があまり気づかない本人の言動や学生の言動に注目して

表29　参観する場所の特徴

参観場所	メリット	デメリット
①教室後方	教員の言動を詳細に観察できる	学生の言動が観察しにくい
②教室左右側面	教員の言動と学生の言動の両方を観察できる	学生の視線の妨げになる可能性がある
③教室斜め前方	教員の言動と学生の言動の両方を観察できる	学生の視線の妨げになる可能性がある

出所　小林(2017)を参考に作成

観察するとよいでしょう。たとえば、教員の口癖や行動の癖、教員の言動に対する学生の反応、とりわけ教員から死角になっている場所に座っている学生の反応や、教員が板書をしている際や授業前後の休憩時間における学生の言動などを観察します。

参観する場所は、①教室後方、②教室左右側面、③教室斜め前方があります（小林 2017）（表29）。教室の椅子や机の配置状況から自ずと参観場所が決まってしまうこともありますが、選択できる状況であれば、目的に応じて場所を選択するとよいでしょう。

参観時の観点を固定するか自由にするかについては、授業実施者の希望を尊重することが基本ですが、参観者の専門分野や授業実施経験によって自ずと観点が定まります。

授業実施者と同じ専門分野をもつ教員や中堅・ベテラン教員が参観者の場合、授業内容に着目する傾向があります。事実と異なる内容になっていないか、用語や数値に間違いはないか、他の説明のほうがわかりやすいのではないか、といった観点です。

一方で、授業実施者と異なる専門分野をもつ教員や若手教員が参観者の場合、授業方法に着目する傾向があります。声の大きさ・トーン・明瞭さ・スピード、立ち振る舞い、説明・指示・発問のわかりやすさ、教材（板書、スライドの文字など）、学習環境（教室の明暗、温度、マイク、スクリーンなど）といった観点です。

観察時に忘れられがちな観点として、目標の達成度があります。これは実際の参観時には見えにくいからです。参観前には、授業実施者のシラバスに目を通し、目標を確認しておく必要があります。すでに述べたとおり、授業内容や授業方法も、その目標を最も効果的・効率的に達成するものであったかどうかという観点で観察するとよいでしょう。

観察した内容は、記録をとっておきましょう。その際は、授業のタイムライン、教員の言動、学生の言動、参観者のコメントのように事実と意見を分けて記録しておくと、データとして活用しやすくなります。第5部には、授業参観時の記録用紙フォーマット例を所収しています。

なお、授業参観時にビデオカメラで授業を撮影する場合もあります。授業研究会の際に映像を見ながら授業を振り返ったり、後で授業実施者が自らの言動を振り返ったりする際に便利です（4章3節参照）。

2.5　学生から情報を集める

参観者が学生から情報収集することによって、授業参観ではわからないことが明らかになることもあります。

たとえば、学生に事後アンケートをとれば、授業内容と授業方法に関する学生のコメントを集めることができます。その際、「良かった点」と「悪かった点」という聞き方をすると、教員や授業に対する不満が多く書かれる場合があります。このようなコメントは授業実施者に読まれにくく、なかなか改善につながらない場合もあるので、「悪かった点」の代わりに「改善提案」を書いてもらうとよいでしょう。このほか、目標達成度、内容理解度、興味関心度、集中度について情報を集めることもできます。第5部では、学生に受講感想や意見を書いてもらう用紙フォーマットを掲載しています。

よりインフォーマルな形で、授業の前後の休憩時間に直接学生にインタビューを行えば、アンケートには書かれていない本音を聞き出すことができるかもしれません。

学生から情報を集めることは、その授業に何らかの影響を与えることでもあります。授業実施者から依頼された場合、または授業実施者に相談の上で許可を受けた場合に限って、実施しましょう。

3　授業検討会を実施する

3.1　授業検討会を企画する

授業検討会とは、授業参観を実施した後に、授業実施者と参観者が知見を共有し、双方が改善点を見いだすための場のことです。授業参観後に開催されることが一般的です。

授業検討会の企画にあたっては、名称、日時、場所、役割、準備物、流れを事前に決めておきましょう。インフォーマルに少人数で実施する場合は、ティータイムや食事を兼ねながらテーブルを囲んで自由な雰囲気で行うこともできます。フォーマルに実施する場合も、集合時間と場所だけを決めて自由討論で進めたほうがダイナミックな議論が生じるという意見もある一方で、参観者の心ないコメントによって、授業実施者が傷ついたり感情を害してしまったりすることも起こります。また、お互いに気兼ねしてしまい馴れ合いで評価が甘くなることも起こります。そうなると、授業改善どころか職場の雰囲気に悪い影響を与えてしまったり、形式的になってしまったりするかもしれません。「馴れ合いや自己欺瞞を突破して、検討会の参加者で、相互評価のネットワーク」(京都大学高等教育教授システム開発センター 1997)を組織できるように企画を立てましょう。

以下、授業討論会を企画する際の注意点を、項目ごとに見ていきます。

1 | 名称

授業改善のための共同の学びの場を何と呼んだらよいでしょう。検討会のほかによく使われるのは、研究会、合評会、カンファレンスなどです。授業改善検討会のように、授業改善という用語を頭に付ける場合もあります。これらの名称は似ていますが、聞き手が受け取る印象に若干違いが出るかもしれません。職場文化に最も合致する名前を付けるとよいでしょう。

2 | 日時

全教員が授業参観を行っている大同大学では、授業検討会は授業参観当日の夕刻に開催しています(大同工業大学 2009)。授業参観のすぐ後に授業検討会の準備をする教職員には負荷がかかりますが、長期間にわたる経験から即時フィードバックが最も有効であると判断された結果です。授業検討会は、参観者の記憶が鮮明な状態で行ったほうがよいため、できるだけ時間を置かずに開催することが望ましいといえます。また、あまり長引かないように、1時間程度で終了するよう計画しましょう。

3 | 場所

授業参観の直後に授業検討会を開催する場合、授業が行われた教室で実行するのが一般的です。諸事情でその教室が使用できない場合や、大きすぎる教室で声が聞き取りにくいといった場合は、別途教室を確保します。その際は参観者の参加しやすい場所にするとよいでしょう。

4｜役割

授業検討会には、企画者、司会者、記録者の役割が必要です。企画者は、企画・告知・当日の受付・資料準備などの統括を行います。また、検討会ではオープニングやクロージングで授業実施者に対して謝意を表明する、オープニングで検討会開催の意図を説明する、という重要な役割もあります。

次に、司会者が必要です。司会者は企画者が兼ねても構いませんが、参加者の中から選んでもよいでしょう。司会者の役割は、議事を進行する以外にも、コメント時の約束事を伝える、参観者が授業実施者を誹謗・中傷するコメントをした際に抑止したりフォローしたりする、といったことを行います。授業検討会を複数回実施する場合は、司会は持ち回りで行ってもよいですが、開催時間が限られているため、慣れた教員が行った方がよい場合もあります。

そして、記録者を配置することで、授業検討会での知見を事後に参加者間で共有することができます。授業検討会自体もビデオ撮影あるいはICレコーダーなどで記録しておくと便利です。ただし、自由なコメントを妨げる可能性もありますので、記録をする場合にはその目的を明らかにし、許諾をとる必要があります。

5｜準備すべきもの

授業検討会において準備すべきものは、授業実施者は授業資料一式、参観者は授業参観時の記録です。また、企画者は授業検討会のコメントを記入するためのホワイトボードやフォーマット（第5部参照）、付せんなどを用意しておくとよいでしょう。授業動画が撮影されていれば、必要に応じて映せるようにスクリーンやディスプレイを用意しておくとよいでしょう。

3.2　授業の検討を行う

ここでは、優れた実践例（大同工業大学 2009など）を参考に作成した、授業検討会の進め方について説明します。実施しやすいように、最小限の要素と時間で組み立てられています（合計60分）。

1｜オープニング（5分）

企画者が授業検討会の趣旨説明を行います。まずは授業を参観する機会を与えてくれたことに対して授業実施者に感謝しましょう。そして、司会者がこの場での約束ごとの確認をします。たとえば、どのようなコメントをする場合にも、相手に敬意を払い、建設的であることを心がけること、逆に褒めるばかりにもならないよう相手の授業改善をめざした忌憚のない意見も述べることが重要であること、などです。参加者が少ない場合は、ここで簡単な自己紹介をしてもよいでしょう。

2｜授業実施者による授業紹介と振り返りのコメント（5分）

次に、授業実施者があらためて自らの授業を紹介します。まずは自己の教育理念、そしてその教育理念に関連づけて、今回の授業の目的・目標、構成、教育方法、学生の学習状況を説明します。

続けて、司会者が授業実施者に対して、「やってみてどうだったか」について質問をします。これに対して、授業実施者は今回の授業に対する自らの振り返りのコメントを伝えます。こうすると、授業実施者が改善点として認識していることが本人から先に提示されることになります。これによって、検討時の焦点を絞ることができます。参観者からコメントを述べると、授業実施者が気づいている改善点を参観者が繰り返し指摘するということがよくありますが、この順番にすることでそれを避けることができます。

一方、授業実施者が先にコメントをしてしまうと、参観者のコメントに影響を与えてしまい、自由な議論がしにくくなることもあります。また、できなかったこと、失敗したことを中心に反省の弁が述べられることが多く、実施者の達成感を奪い、過度の自省を促すという指摘もあります（大山 2001）。

3｜学生アンケートやヒアリングに基づく授業分析（5分）

学生からのデータが収集されている場合には、司会者がその結果を紹介します。

4｜授業分析・改善案の検討（10分）

授業に関する良い点や改善点を議論します。気心の知れた同僚ばかりの場合、あるいは参加者が5人以内の場合は、直接全体討議に入ってもよいでしょう。しかし、参加者が6人以上の場合、あるいは初対面の同僚が多かったり、討論が苦手な同僚が多かったりする場合は、5人以内であっても一度グループを分けて議論をしましょう。1グループの人数は3～4人がよいでしょう。

5｜全体討議による授業分析・改善策の検討（28分）

まず、司会者は、参観者に自由にコメントを述べてもらうよう促します。グループでの討論の時間をとった場合は、グループごとにまとめられたコメントを順に発表してもらいます。

忌憚なくコメントをすることは重要であるものの、たとえ正しいコメントであっても、批判的なものが続けば授業実施者は心情的に受け入れにくくなります。授業実施者が気持ちよく行動変容を起こせるように、司会者が、以下のような約束事を提示してもよいでしょう。

- ・コメントは観察した事実に基づき簡潔に行う（1人1分以内）
- ・良い点を８割、改善点を２割のバランスで述べる。良い点は、学生による授業評価アンケートでもあまり指摘されることがないので、細かな点でもコメントする
  「○○という点は私には気づかなかった点で、新たな発見でした」
  「△△については、私の授業でもすぐにでも取り入れてみたいと思います」
- ・良かった点を最初に述べ、次に改善点を指摘した後、最後に再度良い点を述べるようにする（サンドイッチ方式）
  「まず、良かった点ですが、○○と△△です。次に改善点ですが、××です。最後に、□□という点は大変良かったと思います」
- ・改善点を述べる場合は具体策を提案する。その際、「○○してはどうですか」ではなく、「自分であれば○○する」「○○というやり方もあるようです」というように、提案を押しつけない形で表明する
- ・他者が述べた改善点は何度も繰り返さない

コメントの後には、授業実施者からのコメントを交えながら、さらに良い授業に向けて何が必要なのかをテーマに全体討議を行います。授業参観は、複数の教員の視点で、教室で何が起こっているのかを高い精度で把握できることが特徴です。専門分野や授業経験年数の異なる参観者による分析、授業実施者による分析を統合して、授業をメタ認知していきます。

このように、全体討議の場で授業実施者が取り入れられそうな改善策をいくつか列挙できたとしても、それに取り組むかどうかは最終的に本人が決めることです。あくまで授業実施者の教育理念や意思を尊重することが重要です。

6｜授業実施者の総括コメント（5分）

全体討議の後は、授業実施者から授業検討会で得たものや改善に向けた行動の宣言をしてもらいます。本人によって最後に授業改善の方向性が示されることで、参観者はその行動変容を継続して支援することができます。

7｜クロージング（2分）

企画者ないし司会者があらためて授業実施者と参観者に感謝を伝えます。拍手を送るのもよいでしょう。今後の授業参観や授業検討会の予定を確認して授業検討会を終えます。

3.3　フォローアップの機会をつくる

授業参観は、1回だけで終わらせずに継続して実施することで、その効果を高めることができます。最初に授業参観を実施してから半期あるいは1年経った段階で、再度授業参観を実施すれば、その変化を観察することができます。その間、授業実施者に、どのように改善点を克服しようと努力したのか、その結果としてどのような改善が見られたのか、うまくいかなかった理由は何かなどを振り返るフォローアップの機会があるとよいでしょう。

正式に授業参観を実施しなくても、学内で顔を合わせた際に、参観者から「その後、授業はどうですか」と声をかけたり、授業実施者から「授業検討会の指摘に基づいて、新しくこんな取り組みを始めました」と話しかけたりするだけでも、フォローアップになるでしょう。インフォーマルな場で授業に関する話題が出るようになれば、授業にあまり関心のない教員を巻き込むことができるかもしれません。

また、授業参観と授業検討会の様子を事後に学内のニュースレターに掲載して全教員に配付している事例もあります（大同工業大学 2009）。このような広報活動により、優れた授業の事例が学内に普及すると同時に、授業改善に取り組む組織文化が醸成されていきます。

このように、授業参観は、同僚とともに取り組む授業改善の方法であると同時に、実施することを通して組織内に授業改善の輪が広がり同僚性の文化が構築されていくという、組織開発の方法でもあるのです。

なお、授業参観と授業検討会以外にも、同僚とともに取り組む授業改善方法がいくつもあります。第5部ではさまざまな方法を紹介しています。

13章

専門家とともに授業を改善する

1　専門家の協力を得る

1.1　授業改善の専門家とは誰か

ここまで、LTAモデルに沿った授業改善に個人や同僚とともに取り組む方法について紹介してきました。本章では、専門家の協力を得ることで、より効率的かつ効果的な授業改善を行う方法について説明します。

日本では、法令で「大学は、当該大学の授業の内容及び方法の改善を図るための組織的な研修及び研究の実施に努めなければならない」(大学設置基準第25条2項)と規定されていることから、FD(ファカルティ・ディベロップメント)を推進する組織を置く大学が増えており、全大学のうち8割に設置されています。(文部科学省 2020)。こうした組織は、大学教育センター、教育開発センター、教育学習支援センターなどさまざまな名称で呼ばれていますが、本書ではこれらを一括して「センター」と呼びます。

センターには、FDer(ファカルティ・ディベロッパー)と呼ばれる授業改善の専門家が配置されている場合があります(佐藤ほか 2016)。FDerは、教育学や心理学を専門としていることが多く、授業設計、授業方法、評価、学習支援などについての知識をもっています。そして、教員からの直接的な相談に応じたり、研修プログラム開発したり、その講師を務めたりしています。日本のFDerは大学教員であることが多く、同じ立場の同僚として相談しやすいのも特徴です。所属機関のセンターにこうした専門家が配置されている場合には、授業改善の協力を依頼することが可能です。

しかし、文部科学省の調査によれば、FDerに関して「自大学の常勤の教職員を専門家として活用」しているのは193校(25.2%)にすぎません(文部科学省 2020)。FDerを配置していない大学では、外部の専門家を研修講師として呼んだり、学生に協力を求めたりしています。

1.2 専門家の協力を得ることの意義と留意点

授業改善にあたって、専門家であるFDerの協力を得ることの意義は次の点にあります。

1｜授業改善に必要な知識や技術についての質の高い情報を効率よく得られる

ウェブサイト上には授業改善に有益な多くのリソースがあります。また、少数ながらも大学教員向けの授業に関する書籍も出版されており、それらを参照することもできます。しかし、これらの膨大な情報の中から必要な情報を見つけるには、時間がかかります。専門家に相談することで、自分の授業の課題に対応した質の高い情報を効率よく見つけられる可能性が高いのです。

2｜教員自身の所属部局や業績評価とは関係なく中立的立場からの協力を得られる

授業改善とは、授業において「うまくいっていない」点を改善するために、また「うまくいっている」点をさらに改善するために行うものです。ただし、この「うまくいっていない」という事実が業績評価の対象となるのではないかと不安に感じた場合、教員は他者への相談を躊躇するかもしれません。FDerは、管理職ではありません。専門家として中立的な立場にあり、授業改善の相談を引き受けるにあたっては、守秘義務を遵守してくれます。よって、安心して協力を得ることができます。

また、FDerは、相談者との信頼関係を築き、寄り添って改善の支援をするようなトレーニングを受けている場合も多いので、心的ストレスを感じずに支援を受けることができるでしょう。

3｜授業改善に取り組む大学教員とのネットワークが広がる

FDerは部局を越えた多様な人的ネットワークをもっています。関連学会や専門職団体に所属している場合もあり、他大学や他国につながりがある場合もあります。本人が希望すれば、同様の取り組みをしている教員やグループを幅広いネットワークの中から紹介してもらえるかもしれません。授業改善はともすると孤独な活動になりやすいですが、仲間とともに取り組むことで、モチベーションが維持しやすく、また多様な情報を共有できるようになります。

ただし、FDerは、あらゆる専門領域の内容に精通しているわけではありません。自らが専門としない領域の内容については初学者です。FDerは授業の目的や目標を確認し、それに沿った改善案を相談者本人が自ら見つけ出すための支援を行う専門家です。

また、行きすぎた専門家依存は大学教員としての自律性や大学教員集団がもつ相互的主体性を放棄することにつながりかねません（田中 2011）。授業改善の当事者は教員個人であるという認識のもと、協力を求めるとよいでしょう。

1.3　学内のFDプログラムに参加する

センターは、大学教育の質の向上をめざしさまざまなプログラムを定期的に提供しています。たとえば、授業実施に関わる基本的な知識とティーチングスキルを学ぶ新任教員研修、中堅・ベテラン教員を対象とした授業を見直したり新しい教育方法やツールを学んだり研修を開催しています。学内の教員であれば、その多くに無料で参加することができます。

自分の授業の課題に応じて、これらのプログラムに参加してみましょう。センターのウェブサイト、学内掲示板、学内メールなどに気をつけておき、FDプログラム開催の通知があれば参加してみましょう。中には内容に満足できないプログラムもあるかもしれません。その際は、センター関係者に直接伝えたり、実施後のアンケートにおいて、どの点が不満だったのか、どのように改善したらよいのかを伝えましょう。学びたいプログラムがない場合は、積極的にセンターに要望を伝えるとよいでしょう。また、個別に対応してもらいたい場合は、授業コンサルテーションを利用しましょう。

2　授業コンサルテーションを受ける

2.1　授業コンサルテーションとは

授業のコンサルテーションは、個別的、継続的にFDerが相談者に1対1で関与し、共同で授業に関する問題の解決をめざす試みです（佐藤 2009）。米国をはじめとする諸外国のセンターでは一般的に提供されているサービスです。センターの活動の中では、相談者にとってもFDerにとっても最も時間や労力を要するものの一つですが、最も有効な活動であるとされています(Lewis 2002)。日本でも、数は少ないものの、授業コンサルテーションを提供している大学があります(楢林と佐藤 2005、佐藤ほか 2011)。

授業コンサルテーションは個別のニーズに応じてもらえる一方、どのように進められるのかがわからないと、利用するにあたって敷居が高く感じられることも事実でしょう。以下では授業コンサルテーションのプロセスを紹介します。

2.2 授業コンサルテーションのプロセス

ここでは、北米圏のセンターで一般的に提供されている授業コンサルテーションのプロセスを五つの段階に分けて紹介します(Nyquist & Wulff 2001)。

第1段階:問題・課題・疑問の特定

FDerと相談者の初回の面談時に、相談者は現状の授業の状況について説明を行います。FDerは、相談者の置かれている状況や悩みを理解し、授業診断と問題の特定を行います。

第2段階:データ収集

FDerは授業診断と問題の特定のために基礎データを収集します。このとき、量的手法(授業評価アンケート、成績に関わるデータ)、質的手法(授業観察、ビデオ、同僚評価、配付物の内容分析、学生・教員へのインタビュー、アンケートの自由記入欄分析)のどちらを活用するかなど、相談者の状況に合わせて方法を考えます。

第3段階:データ分析

FDerは相談者がデータを分析するのを手助けするために、事前の作業を行います。分析の手順は、カテゴリー分け、並び替え、処理、要約であり、この段階では相関関係の洗い出し、図表化、パターン抽出、妥当性・信頼性テスト、正確さ・有意さチェックといった作業を行います。

第4段階:データ解釈

FDerは相談者がデータを理解するのを手助けするために、教育学の理論と教育手法の知識を使って、モデル・枠組み・アイデアを提示します。相談者がデータの意味とそこからの示唆を読み取るのを支援します。目的は、教室内で何が起こっているのかを説明することにあります。

第5段階：データ変換

FDerは、分析、解釈されたデータをもとにして、教員の言動や授業の順番、教材などを改善する授業方略の立案を相談者とともに行います。データを授業改善に結びつくように変換するのです。FDerは提案をしても構いませんが、何をすべきかについては相談者本人が判断します。そして、FDerはフォローアップ計画の立案も行います。必要に応じて情報を追加収集します。授業改善後に追加分析や解釈が行われることもあります。さらに授業改善後に新たな調査が開始されることもあります。

2.3　授業コンサルテーションの効果

米国ワシントン大学で行われた授業コンサルテーションの利用者に対する調査では、コンサルテーションを受けた直後だけでなく、数年の時間が経過した後の授業改善にも有効に機能していることが明らかになっています(Jacobson et al. 2009)。自由記述の中には、新しい情報や資源へのアクセスが増したこと、同じ志をもつ同僚と出会えたこと、教えることに対する新しい考え方を獲得したこと、教育の専門家であるセンタースタッフに相談する機会があったことなどが予期せぬ価値として挙げられています。

愛媛大学で実施された調査では、授業コンサルテーションは、利用者全員の授業改善への動機づけを高め、授業改善に向けた何らかの行動変容をもたらしたという点で有効性が確認されています(佐藤 2009)。コンサルテーションを受けた後での変化について、相談者である教員は、「時間をかけて用意した教材を高く評価してもらい、今後も引き続いて準備する力が湧いてきた」「シラバス作成は安易に考えていたが、細かく作成すべきと考え、全15 回の詳細な内容等について、急遽作成して学生に提示した」「『授業で何を大切にするのか』ということを、より明確に意識するようになった」「内面の意図が学生に少しでも伝われば(感じてもらえれば)と、コンサルテーション後にさらに意識するようになりました」などと述べています。

また、学生の変化について言及した利用者もいます。そこでは「居眠りや私語が少なくなり、真剣な眼差しが増えた。授業直後やオフィスアワーでの質問が増えた」「教員はどう変わるのかを観察している学生の目線を感じました」というコメントもあり、授業コンサルテーションが教員だけではなく学生にも何らかの影響を与えていることがわかります。

3　学内に専門家がいないとき

3.1　オンラインで学ぶ

専門家の協力を得て授業改善を行う方法を説明してきましたが、すべての大学に授業改善の専門家が配置されているわけではありません。学内に専門家がいない場合、どうしたらよいでしょうか。

近年は大規模無料オンラインコース（Massive Open Online Course; MOOC）で学べる学習環境が整備されています。MOOCの学習環境を提供するプラットフォームとしては、edXやCoursera、Future Learnなどが有名ですが、たとえばCourseraでは「Learn to Teach Online」などFD関連のプログラムがいくつか提供されています。好きな時間に好きな場所で学べるというメリットを活かして、こうしたオンラインコースを受講してみるのもよいでしょう。

国内のオンラインコースとしては、東京大学大学総合教育研究センターが開発した、オンラインFD講座「インタラクティブ・ティーチング」があります。この講座は、クラスデザインや評価、学習科学など、大学で教育を行うための体系的な知識提供を目的として設計されており、東京大学と科学技術振興機構JREC-IN Portalのウェブサイトにおいて無料で公開されています。

その他、私立大学FD連携フォーラム、東北大学高度教養教育・学生支援機構大学教育支援センター、関西地区FD連絡協議会でも大学教員向けの動画教材を提供しています。視聴にあたっては、所属大学が組織に加盟していることが必要な場合もあります。学内のFD担当者に確認してみるとよいでしょう。

3.2　学会・研究会に参加する

学内に専門家はいないけれども、授業改善のために有用な情報や専門家からの支援を得たい場合、関連する学会や研究会に参加してみるとよいでしょう。たとえば、各専門領域の学協会において定常的に教育に関する分科会が置かれることも増えてきました。日本化学会には、「化学教育」ディビジョンが置かれ、『化学と教育』という機関誌が発行されています。日本統計学会には、「統計教育委員会」が置かれ、統計教育の現状についての情報共有や研修会開催などの活動があります。このように、分科会やSIG（Special Interest Group）などで教育に焦点を絞った活動が行われていないか、確認するとよいでしょう。

また、専門領域によっては、日本医学教育学会や日本物理教育学会、日本工学教育協会など、各専門における教育に特化した学会があります。こうした学会では、発行する論文誌において教育に関する研究論文や実践報告論文の掲載、体系的な研修の実施、資格認定などを行っています。たとえば、日本医学教育学会には、「医学教育専門家」の認定制度があります。この認定を受けるためには、「教育と学習」「学習者評価」「カリキュラム開発」の3コースを受講する必要があります。これらを活用することで授業改善に役立つ知識・情報やスキルを得ることができるでしょう。

学会・研究会やFDプログラムに関する情報を効率よく取得できる方法もあります。たとえば、京都大学高等教育研究推進センターが管理するメーリングリスト「あさがお」や、広島大学高等教育研究開発センターのウェブサイトやメーリングリストでは、全国各地で開催される学会・研究会などの情報を受信できますし、自らが企画した場合には発信もできます。また、芝浦工業大学教育イノベーションセンターではFD・SDカレンダーを公開しており、毎月のイベント情報を把握することができます。

3.3　FD委員になる

センターが設置されていなかったり、専門家がいなかったりする大学であったとしても、多くの大学にはFD委員会が設置されているはずです。まずは、学内でどのようなFDプログラムやサービスがあるのか、FD委員に相談してみましょう。うまくいけば、FD委員会主催で授業参観や授業検討会を開催してくれたり、FDプログラムの講師選定にあたって意見を反映してくれたりするかもしれません。

しかしながら、FD委員は各学部から持ち回りで指名される管理運営業務の一つです。FDプログラムも実施すること自体が目的化してしまっていることも多く、年に数回のFD講演会の実施で手一杯という場合も多くあります。このような状況であれば、むしろ自分がFD委員になって現状を変えることもできるでしょう。大学によっては希望したからといってFD委員になれないこともあるでしょう。一方で、なり手がおらず困っているという大学もあります。現任者や管理職に相談してみましょう。

もしFD委員となった場合には、まずは、その立場を利用して自分の授業改善に役立てようという気持ちでのぞみましょう。自分にとってメリットがあれば、モチベーションを高めることができるでしょう。自分の授業の改善点や疑問に思っていることを解決するために、同僚と一緒に何ができるのか、あるいはどのような専門家を呼んで研修会を実施すればよいのかを考えていきましょう。自分の授業の悩みや疑問から出発したアイデアであっても、所属組織のミッションや課題と合致していれば、同僚教員を巻き込みやすくなります。

FD委員の所轄業務であるFD活動は多岐にわたりますが、大きく三つのレベルに分類することができます。すなわち授業・教授法に関するもの(ミクロレベル)、カリキュラムに関するもの(ミドルレベル)、制度・規則・組織に関するもの(マクロレベル)です(表30)。

個人の授業改善から出発するのであれば、ミクロレベルに挙げられたFD活動が参考となるでしょう。そして、ミドルレベル、マクロレベルになるにしたがい、多くの人の協力が必要な大掛かりなものになっていきます。これらすべてのプログラムを実施する必要はありません。所属組織および同僚教員のニーズに応じて、優先度の高いものから行っていくとよいでしょう。最終的には、単発のイベント型の研修ではなく、体系性のあるプログラムを構築し、各教員の行動変容を継続的にサポートしたり、フィードバックしたりできるフォローアップ体制を整備することができればよいでしょう(Guskey 2002)。

FD委員として活動していると、近隣他大学のFD委員やFDerと交流する機会も増えてきます。委員を長期間にわたって継続して務めることになるのであれば、授業改善に関する専門性を深める機会もつくるとよいで

表30 FD活動の分類

レベル	具体的な活動内容
授業・教授法 (ミクロレベル)	講演会・ワークショップ(例:新任教員研修、シラバス作成法、アクテイブラーニングを促す教育技法、多人数講義法、学修評価法)、公開授業、授業参観、同僚評価、チーム・ティーチング、授業コンサルテーション、eラーニング、教材・教科書作成、論文執筆、学会発表、教育業績記録作成、メンタリング
カリキュラム (ミドルレベル)	講演会・ワークショップ、各部局における委員会やワーキンググループでの作業(例:3つのポリシーの策定・一貫性構築の取り組み、カリキュラム改訂、教育系外部資金獲得のための申請書の作成)、他大学の視察
制度・規則・組織 (マクロレベル)	講演会・ワークショップ、各部局における委員会やワーキンググループでの作業(例:教員表彰制度導入、GPA・キャップ制導入、学期制改革、学生からの意見聴取、授業アンケート改革)、他大学の視察

出所 国立教育政策研究所FDer研究会(2009)

しょう。FDerの専門家団体である日本高等教育開発協会（JAED）、四国地区大学教職員能力開発ネットワーク（SPOD）、コンソーシアム京都、愛媛大学教育・学生支援機構教育企画室などでは、FDerを養成する研修を定期的に開催しています。こうした研修に参加すると、FDerとして必要な知識やスキルを学ぶことができると同時に、全国のFD委員やFDerと豊かなネットワークを構築することもできます。

3.4　FD関連組織を探す

FD委員になったら、学外のFD関連組織を探してみましょう。同じ地域内や同じ規模の大学間で組織されているFDコンソーシアム（連携組織）があります。代表的なFDコンソーシアムを以下に示しています（表31）。また、FDという名前は付いていなくても、地域の大学コンソーシアムには、FD部会やFD委員会が設置されている場合もありますので、確認してみるとよいでしょう。

このほか、文部科学省が認定する教育関係共同利用拠点制度があります。この拠点施設の中に「大学の職員（教員含む）の組織的な研修等の実施機関」があり、全国各地の大学が認定されています。一般的なFDだけではなく、医学・看護学・理工学のように専門分野に特化したものや、ICTを活用した教育や障がいのある学生の支援などに特化したものもあります。

こうしたコンソーシアムや全国拠点校には、複数のFDerが配置されていることが多く、センターがない大学の教員に対してFDプログラムを提供したり、加盟校や近隣校に研修講師を派遣したりしています。他大学の

表31　FD関連のコンソーシアムの例

名称	地域
北海道地区FD・SD推進協議会	北海道
FDネットワークつばさ	東日本
大学セミナーハウス	関東
大学コンソーシアム京都	京都
四国地区大学教職員能力開発ネットワーク（SPOD）	四国
九州地域大学教育改善FD・SDネットワーク（Q-Links）	九州
全国私立大学FD連携フォーラム	全国
大学教育イノベーション日本	全国

FD委員の相談に対応してくれる場合もあります。まずは、FDプログラムに参加するなどして、関係づくりを始めるとよいでしょう。

3.5 学生の協力を得る

授業改善への学生参加は近年注目されつつある取り組みです。芝浦工業大学や帝京大学では、授業改善に学生の協力を得たSCOT（Students Consulting On Teaching）という取り組みがあります。

SCOTとは、教育・学習に関する一定の研修を受け、SCOTとして活動することを認められた学生たちのことであり、また、その学生たちが授業観察を行い、学生の視点に立った客観的な情報を教員に提供することにより、授業改善や向上をめざすFD活動です（Cox & Sorenson 2000、ホートン広瀬と榊原 2014）。

ここでは、芝浦工業大学におけるSCOTプログラムについて紹介します。まず、SCOTとしての活動を希望する学生は、8時間の研修および課題発表と最低2回の実地研修を受けることが必要です。そして、教員との日程調整（事前打ち合わせの時間と場所の決定）、事前打ち合わせ（授業内におけるSCOT学生の活動の決定）、授業観察、事後打ち合わせ（活動事項の報告）というプロセスで授業改善の支援を行います。

SCOTの主たる活動は次のとおりです。

- 記録・観察（授業を参観し、記録をとり、授業実施者に提供する）
- 擬似受講（授業を受けてノートをとり、授業実施者に提供する）
- インタビュー（授業実施者は退出し、SCOTが受講者に授業について質問する。例：何が学習効果を上げると思うか、学習の妨げになっていることはあるか、学習者側の提案があるか）
- 特定事項観察（事前に教員と面談し、観察事項を決める）
- コンサルティング（授業活動における教員の関心事項について、SCOTからフィードバックする）
- 録画（授業を録画し、授業実施者とともに録画を見ながら、授業のフィードバックを提供する）

SCOTを利用した教員は、「学生の視点からのアドバイスはすぐに授業に反映させることができた。今まで目が届かなかったところに目が行くようになり、話が学生に届くような『奥に広まった』感じがある」「SCOT学生の対応が非常にしっかりしていることに感心した。こういう『学生の育て方』もあるのだと感動した」などと述べています。

専門家がいない、もしくは不足しているために学生の協力を得るという以上に、教員では気づかない学生独自の観点で授業改善に貢献してくれるというのがSCOTの存在意義です。

自らの授業改善のために、このような組織的な学生の協力を得ることは難しいかもしれません。しかし、自分の授業でSA（スチューデント・アシスタント）やTAを雇用している場合、労働時間の範囲内で、授業の改善点を指摘してもらったり、一緒に教材をつくってもらったりすることは可能でしょう。

また、受講者の中には、直接、あるいは授業評価アンケートを通して、授業改善のアイデアを提供してくれる学生もいるかもしれません。たとえば、オンラインで授業を実施する場合、授業の途中でもさまざまなトラブルや疑問が生じるでしょう。そんなときには、「誰か詳しい人はいませんか」「誰か助けてくれませんか」と声をかけてみましょう。受講学生からアドバイスを得ることで、授業改善を行うことができます。多くの学生は、小さな頃からICTを活用して友人たちとのグループチャットや、動画視聴に慣れ親しんでいます。日頃から学生と良好な関係を構築しておけば、学生は自然に手を貸してくれるはずです。

14章

授業改善をカリキュラム改善につなげる

1　授業改善からカリキュラム改善へ

1.1　カリキュラムの一部としての授業

継続した授業改善により自分の授業の質が向上することは喜ばしいことです。しかし、観察した結果を１人で、あるいは同僚や専門家とともに深く分析すればするほど、個々の授業レベルでは解決できない大きな課題の存在に気づくことがあります。

たとえば、学生にレポートを書かせた際に、ライティング能力が著しく低い学生が増えたことを発見したとします。この課題を解決するために、自らの授業においてライティング指導を丁寧に行ったり、採点基準としてのルーブリックを作成して提示したりという授業改善を行ったとします。それでも学生のライティング能力がなかなか向上しない場合もあります。

当たり前のことですが、学生はその授業だけを履修しているのではありません。卒業のために必要な単位数を満たすためには、他の同僚教員が教えている多くの授業を履修する必要があります。よって、他の授業でもレポート課題を課して、ライティング指導を充実させなければ、能力の向上にはつながりません。

さらに、入学直後の初年次教育科目において基本的なライティング能力のトレーニングをしなければならないかもしれません。学部や全学レベルで共通のライティング能力のルーブリックを作成し、学生に繰り返し提示する必要もあるかもしれません。あるいは学内に文章指導を行うライティングセンターを設置し、個別添削指導をする必要があるかもしれません。

一つひとつの授業はカリキュラムを構成する一部です。個々の教員による授業改善の取り組みを学生の学習成果につなげるためには、各授業が有機的に結びついた体系的なカリキュラムが設計され、運用されている必要があります。また、そうしたカリキュラムをうまくマネジメントできる組織になっていなければなりません。このことを踏まえるならば、自分1人の取り組みから始まった授業改善を深めていけば、組織的なカリキュラム改善につながるのは自然な流れといえます。

1.2 カリキュラム改善の困難性

教員であれば、自らの授業改善にはすぐにでも着手できます。しかしながら、カリキュラム改善となるとそう簡単には開始できません。その具体的な方法を考える前に、日本の大学のカリキュラムの現状について理解しておきましょう。日本研究を専門とするイギリス人研究者は日本の大学教育について次のように述べています（Goodman 2005）。

「学問の自由という名のもとに、そして学問の専門性という特質に対する信頼のもとに、日本の大学教育は、ほとんど教員個人に任されてきた。彼らは、シラバスを自分自身で作成し、授業を教え、学生向けに試験を用意し、採点を行っているが、これらは外部評価や同僚の確認も全くなしのままに行われている。その結果、素晴らしい授業はあるにしても、多くは単調で、つまらないものになっている。そして、学部で開講されている授業科目間には、全く関連づけがなされていないのである。これは学部を超えても同様である。」

日本の複数の大学で長らく教えてきたアメリカ人弁護士は、日本の大学の法学部について次のように述べています（ギブンズ 2017）。

「日本の大学の法学部は孤独でとても静かなところだ。……いうまでもなく、阿部先生、鈴木先生、山田先生たちは、学生たちに何をどのように教えるかについて互いに議論することはない。それをすることは他人の特権的な領域を無礼に侵すことになるからだ。民事訴訟法の教授が環境法の教授にいかにその授業を教えるかを差し出がましく伝えるなんてとんでもない。逆もまたしかりだ。その上、一部の教授にとって教えることは退屈で、報われない面倒なことで、居眠りしている学生たちで埋まった教室で毎年同じ内容の授業を行うことなのである。阿部先生、鈴木先生、山田先生たちが個々に教えているものを、互いに協力してコース全体としてより素晴らしいものにしていこうという気はあまりない。」

全国の学科長を対象とした調査によれば、カリキュラム改善における阻害要因・課題として、多くの学科長が「学部・学科内の教員間の合意形成」(45.4%)を挙げています(山田 2016)。

授業に関わることは個々の教員に任されており、組織として授業やカリキュラムのあり方を議論できる雰囲気がないというのが多くの大学の実態でしょう。このような状況下で、教員個人ができることはあるのでしょうか。

1.3 拡張されたLTAモデル

このことを考えるにあたって、まずは教学マネジメントの構造について理解しておきましょう。教学マネジメントとは、「高等教育機関において、教育目標を達成するための方針を定め、教育課程の実施に係る内部組織を整備し、教育を実践するとともに、評価・改善を図りながら教育の質の向上を図る、組織的な取組み」(大学改革支援・学位授与機構 2016)と定義されます。このように、教学マネジメントとは、教育課程(カリキュラム)を実践・評価・改善する取り組みのことですが、このカリキュラムを構成しているのが個々の授業となります。

この教学マネジメントの定義を踏まえて、本章で使用してきたLTAモ

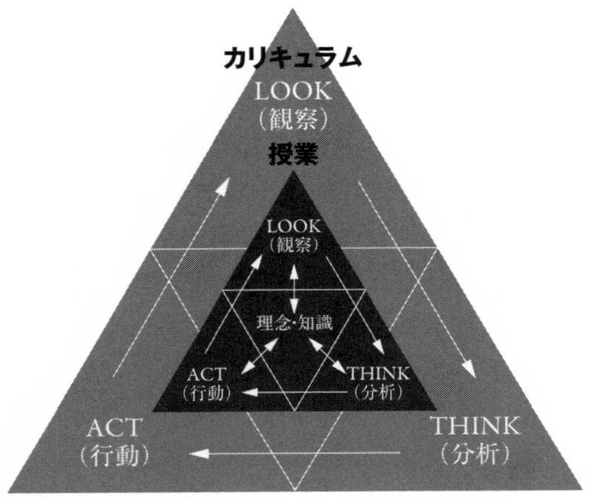

図22 拡張されたLTAモデル

表32　拡張されたLTAモデルの各ステップで行うこと

	授業レベル	カリキュラムレベル
LOOK（観察）	・授業に関連する情報を収集する（データ収集） ・授業の現状を記述する（定義・記録）	・カリキュラムに関連する情報を収集する（データ収集） ・カリキュラムの現状を記述する（定義・記録）
THINK（分析）	・授業を調査し、分析する（ここで何が起こっているかを調査・分析） ・授業を解釈し、説明する（どうやって、なぜそれらは今の状態になったのかを理論化）	・カリキュラムを調査し、分析する（ここで何が起こっているかを調査・分析） ・カリキュラムを解釈し、説明する（どうやって、なぜそれらは今の状態になったのかを理論化）
ACT（行動）	・新たな授業を計画する ・新たな授業を実行する	・新たなカリキュラムを計画する ・新たなカリキュラムを実行する

デルを拡張させたモデルを考えてみましょう（図22）。

拡張されたLTAモデルでは、中央にこれまで使ってきた授業レベルのLTAモデルが配置されています。その周辺には、カリキュラムレベルのLTAモデルが配置されています。カリキュラムレベルでもLTAのステップを踏まえて改善に取り組むことは可能です。各ステップで行うことは、授業レベルと同じです（表32）。

本章では、このモデルを使って、授業改善をカリキュラム改善につなげていく方法を考えます。

2　カリキュラムの観察・分析・変化につなげる

2.1　授業参観と授業検討会を活用する

授業改善をカリキュラム改善につなげる方法の一つは、授業参観と授業検討会の場を活用することです（12章参照）。複数の場を通して共通して指摘された授業の課題を集約して、カリキュラムの課題として認識できるかどうかを確認してみましょう。

たとえば、グループワークが苦手な学生が多いということが共通して指摘されたとします。ここから、その学部・学科のカリキュラムには、一方的な大人数の講義形式の授業が多く学生がグループワークに慣れていないという課題が見えてくるかもしれません。また、アクティブラーニング型の授業が不足している、グループワークの技法について指導する授業がない、という課題が出てくるかもしれません。

また、学生には授業中に私語が多いという共通の課題が見えてきたとします。ここから、大人数講義が多い、基礎学力をしっかりと身につけさせないまま学年が進行している、という課題が見えてくるかもしれません。

こうした課題から、少人数でグループワークを取り入れた初年次教育を必修化するというアイデアが出てくるかもしれません。

このように個々の授業課題を共通の課題にしていくためには、授業参観や授業検討会の議論を記録しておき、共有する機会をつくるとよいでしょう。たとえば、毎回記録者を決めて議事録を作成し、参観者全員で共有しておくとよいでしょう。また、授業検討会の場では、「前回も指摘されていましたが、また同じ問題が起きていますね」というように、共通の課題を見つけるためのコメントを積極的にするとよいでしょう。

さらに、授業参観や授業検討会を有志の同僚教員だけではなく学部・学科といった単位で開催するよう、管理職やFD委員に働きかけることもできます。そこで見えてきた課題をFD委員会や教授会などの公式の場で報告するなど、組織全体で共有しやすくなります。

2.2　授業評価アンケートや学習成果を活用する

授業評価アンケートを活用することも方法の一つです(5章参照)。各大学で行われている授業評価アンケートの説明文には、「個々の教員の授業改善のために行う」と趣旨が書かれているものがあります。授業評価アンケートの結果を業績評価に使わない、あるいは個別授業ごとの結果を公表しないことを前提にしていることがその理由になっているのでしょう。

しかし、授業評価アンケートを「個々の教員の授業改善とカリキュラム改善のために行う」ものに変えることができれば、貴重なデータとして活用できるようになります。たとえば、学期ごとに、授業評価アンケートの結果を組織レベルで集計・分析することで、当該組織のカリキュラムの課題が見えてきます。

たとえば、「授業外学習」の項目において、学習時間数が法令上で規定された数字より少ないという結果が出たとします。この結果からだけでは、教員の授業外学習の出し方に原因があるのか、学生の授業外学習の仕方に原因があるのかはわかりません。深く分析するためには、そこで何が起こっているか、どうやって、なぜそれらは今の状態になったのかを明らかにするべく、あらためて追加調査を実施する必要があるかもしれません。学生にインタビューを行って、授業外学習時間数が少ない理由を聞き出したり、教員を対象に授業外学習として課している時間数を記載してもらったりすれば、原因を特定できるかもしれません。

また、学習成果を組織として分析するという方法もあります(6章参照)。すべての授業の学習成果を統合して分析するためには大変な手間と時間がかかります。その授業科目の目標がプログラム全体の目標に直結する科目、それまでに学んだ知識やスキルを統合し高次の能力を育成・発揮することを求める科目といった重要科目に限って、学習成果を分析するとよいでしょう(Matsushita et al. 2018)。

たとえば、卒業論文や卒業制作といった、最高学年に設定されている演習・実習科目の学習成果を分析することによって、学部・学科のディプロマ・ポリシーに定められた資質・能力の達成状況を把握することができます。もし多くの学生にプレゼンの能力が身についていないことがわかった場合は、プレゼン力を育成するために新規科目を開設したり、既存の科目においてプレゼン課題を取り入れたりする必要が生じます。

このような授業評価アンケートや学習成果の分析は、教員個人でできる作業ではありません。FD委員、IR担当者、管理職に働きかけて、教職員で分担して行う必要があります。

2.3　カリキュラムを変える

このように、授業改善の取り組みを通して得られた知見を組織で共有することで、カリキュラムの課題が見えてきます。そして、得られたデータの分析結果をもとに、学生の学びをいかに向上できるかを検討し、カリキュラムの改善案を立てます。ここまでできれば、カリキュラムを変えるための一歩手前まで来たことになります。授業の観察・分析からカリキュラムを変えた例として、以下があります。

・卒業論文のサンプルを検証した結果、歴史的考察力と批判力に欠けることが明らかになった。その結果、2年次必修科目授業で、この二つのスキルに力を入れるよう改善を行った(歴史学部)。(ウォルワード 2013)

・1年次の必修科目で共通期末テストを実施しているが、深い理解を必要とする問題の間違えが目立ち、読解力に問題があることが疑われた。不正解回答と読解力の不足に関係性が見受けられた。そのため、①学生に読解力の重要性と利用可能な文献を説明し、②先輩から新入生

への、学習時間や学習方法のアドバイスの機会を設け、③非常勤講師への支援とFDの強化を行った（衛生コース）。（同上）

また、授業のみならず、受験生の動向や学生の学習・就職状況の観察・分析からカリキュラムを変えた例として、以下があります。

・学部再編時に、高い退学率とクラス担任制における組織的対応の脆弱さが学部の問題であると分析された。そのため、課題解決型初年次教育科目の開発、ならびにキャリア科目の改善、文章表現科目の新規開発を行った。その結果、退学率の半減などの効果が表れた（北陸大学経済経営学部）。（大森ほか 2018）

・定員割れの状態が続いていたが、その原因は、学部・学科の名称が何を学べるのかわかりづらいことにあるという分析がなされた。そのため、全学のポリシーを明確にすると同時に、それに対応するコア科目群を設定した。国際交流や地域課題解決について学ぶ授業を新規開発・導入した（共愛学園前橋国際大学）。（同上）

・地方都市の少子高齢化の影響を受け、定員割れ、基礎学力不足、就職率悪化といった問題があるとの分析がなされた。これを解決するべく、入口と出口を固めるため、キャリア教育を軸とした初年次教育科目、社会人基礎力向上のためのプロジェクト学習を開発・導入した（日本文理大学）。（同上）

・新入生にインパクトのある初年次教育を提供するため、新規に学部を立ち上げる際に、海外大学を視察した。そこから得たアイデアをもとに、学部レベルで、学科全員の必修科目かつ少人数クラス並行開講科目としてリーダーシップ教育プログラムを開発・導入した。教員のみならずSA（スチューデント・アシスタント）として参加する学生とともに毎授業回後に振り返りを行いながら授業改善に取り組んでいる（立教大学経営学部）。（日向野と松岡 2017）

・学生の就職状況の変化に伴い、DPを基軸にシラバスの全面的な見直しを行うことで、科目の精選・統合に取り組み、講義形式の科目を減らした。その一方で、学生のモチベーションを上げるために初年次に専門科目を開講した。都度学生の声を聞きながらカリキュラム改革を進めてきた（信州大学農学部・森林科学科）。（日本高等教育開発協会とベネッセ教育総合研究所 2016）

・学生の目的意識の希薄化や学習意欲の低下という実態を受けて、学生の課題に応じた学びの体系を整備し、4年間をかけて社会人としての主体性を育成するユニットプログラム（プロジェクト型授業）を開発した（神奈川工科大学創造工学部ロボット・メカトロニクス学科）。（同上）

3　カリキュラムを変えられる組織をつくる

3.1　カリキュラムを変えた組織の共通点

すでに述べたように、授業改善をカリキュラム改善につなげることは容易なことではありません。カリキュラムを変えるという意思決定はいかにして可能になるのでしょうか。

意思決定の中には合理的な意思決定もありますが、大学は曖昧さが顕著な組織であり、その意思決定はゴミ箱式意思決定になりがちであると言われています（中島 2019）。ゴミ箱式意思決定とは、構成員がさまざまな問題や解をそこに投げ入れるものの、どの問題や解が取り上げられるのかは合理的に決定されない意思決定のことです。そこでは問題が解決されることもありますが、見過ごし、やり過ごしも多くなるといわれています。

このような特徴をもつ大学組織において、カリキュラムを変えるという意思決定に至るためには、何が必要なのでしょう。カリキュラムを変えることに成功した大学には、四つの共通点があります（樋口 2016）。

一つめは、意識のある若手教員からなるワーキンググループを改革の原動力としている点です。カリキュラムを変える方法には、このほか、学部長・学科長などが改革チームを主導したりする方法などもありますが、意識のある若手教員がボトムアップ型で進めていくことで、改革をスピーディに進めることができます。ただし、こうした活動に対して組織のトップ自らが正当性・信認を与えること、そして合意形成にあたってトップがその活動を積極的に支えていくことが必要です。

二つめは、学部・学科を超えた理解と協力があることです。他学部を交えた教員間連携や、学外の企業や地域との連携により、新しいカリキュラム実現への士気を高め、内発的な推進力を得る体制ができます。

三つめは、粘り強い議論をして合意形成をすることです。合意形成には時間がかかりますが、その解決には即効薬はありません。教員が問題意識を共有し、新たなカリキュラムの目標や科目担当の設計と割り振りについて共有し、それを具現化するための議論に時間を費やす覚悟が必要です。

四つめは、すべての教員を議論に巻き込むことです。すべての教員が納得する合意形成を行うことは難しいにしても、すべての教員が議論に参加できる場をつくることはできます。これにより、組織風土や教員間の関係が変化します。これが、カリキュラムを変えるために、教員が主体的に参画し建設的に検討を重ねながら進む基盤となります。具体的には、従来の会議だけではなく、全員参加型のワークショップにより、改革への納得感を高めることができます。

3.2　チェンジエージェントになる

学部長・学科長という管理職や教務部長といった立場であれば、本章で紹介した取り組みを進めることは十分に可能でしょう。しかし、一教員では、できることに限界があると感じる教員も多いでしょう。

組織開発論には、「チェンジエージェント」という言葉があります。その意味するところは、「グループや組織、コミュニティや社会がよくなっていくことに向けて、変化が起こることのきっかけとなり、変革を推進する人」のことです（中原と中村 2018）。チェンジエージェントは、管理職のようなチェンジ・リーダーとは一線を画した存在として位置づけられています。管理職と組織メンバーとの信頼関係のもと、両者をつなぎ、変革のための媒介になることが役割です。よって、役職に就いていない教員であっても、チェンジエージェントとしてカリキュラム改善のためにできることがあります。

授業改善を通して、カリキュラム上のさまざまな課題に気づいたなら、それを同僚に伝えてみましょう。会議などのフォーマルな場でなくても構いません。通りすがりの立ち話でも昼食をともにしながらのおしゃべりの場でもよいでしょう。ともに行動してくれる同僚を少しずつ増やしていきましょう。ただし、課題を指摘する際は、過度にネガティブな表現にならないように気をつけましょう。その表現が独り歩きして、火消しのために余計な労力を費やすことになりかねません。

また、勇気をもって管理職や組織のキーパーソンにも話をしてみましょう。その際も、課題を指摘するだけではなく、データに基づいた説得力のある提案をしましょう。場合によっては、自らがカリキュラム改善のために動く準備があることも伝えます。

このように、チェンジエージェントとして、小さな行動を起こすことからカリキュラム改善は始まります。授業改善からカリキュラム改善につなげる契機は、普段の取り組みの中にあるのです。

第5部

授業改善のための資料

1　授業参観のための資料

1.1　授業参観前の配付用紙フォーマット

1. 授業科目：

2. 授業実施者：

3. 対象学部・学年：

4. 受講者数：

5. 授業全体の目的・目標

6. 参観する回の授業の目的・目標

7. 参観する回の授業内容・全体の中での位置づけ

8. 授業実施者が学生の良い学びのために心がけていること

1.2　授業参観時の記録用紙フォーマット

授業日・時限	年　　月　　日　　時限
授業名	
授業担当者	
受講者数	
参観者名	

時間	**授業の主な流れ** 課題内容、教員の行動 （発問、説明、指名、管理行動など）	**学生の様子** （頭上げ、発言、ノート、私語など）

1.3 学生用授業後の感想・意見記録用紙フォーマット

授業を受けた感想・意見

1. 授業名

2. 年 月 日 時限

3. この授業を受けてわかったこと、発見したこと
(なるほど……か) (だから……なのだ) (……ということは……か) (つまり……なのだ) など

4. 授業を受けて疑問に思ったこと、先生に確かめたいこと
(……がわからない) (……とすると……ではないか) (しかし……ではないか) (……という場合はどうなるのか) など

5. 授業を受けて考えてみたいこと、調べてみたいと思うこと
(……について考えてみたい) (……の場合について考えてみたい) (……を読んでみたい) など

1.4 授業検討時のコメント記録用紙フォーマット

1. この授業の良い点、学生の学びが促進されていたように思う点

2. この授業の改善点と提案、学生の学びが促進されていなかったように思う点

3. 参考になる情報やアイデア

2　同僚とともに取り組む授業改善方法

2.1　マイクロティーチング

マイクロティーチングは、教師教育（教員養成・現職教育）におけるトレーニング方法の一つです（山川 1990）。授業実施者に5分程度の短い授業を行ってもらい、少人数（5〜6人）で、扱う内容や教育スキルを少数に絞り込んでフィードバックを行うという点が「マイクロ」と呼ばれる理由です。また、授業実施者はフィードバックを反映してすぐに授業改善を行い、再度授業を行うという即時性もあります（アレンとライアン 1975）。

マイクロティーチングは、スタンフォード大学において、教員志望の大学生のために考案されました。それまでの教育実習は時間がかかるといった問題がありましたが（関 2009）、マイクロティーチングは従来の教育実習よりも短期間で済むにもかかわらず効果があることが検証されたことから、急速に注目されました（金子 2007）。

マイクロティーチングの基本的な手順は次のとおりです。マイクロティーチングの実施前や実施後に予習や復習の時間を設定することもできます。

手順	時間
①マイクロティーチング授業1回め	5分
②フィードバック1回め（ビデオで撮影された①を全員で視聴しながら）	10分
③休憩（2回めの授業準備を含む）	15分
④マイクロティーチング授業2回め	5分
⑤フィードバック2回め（ビデオで撮影された④を全員で視聴しながら）	10分
	計45分

たとえば、アクティブラーニングについて同僚とともに学ぶとします。事前に参加者にアクティブラーニングに関する予習をしてもらいます。参考書でもよいですし、動画教材を用いてもよいでしょう。そして、5分間のアクティブラーニングを取り入れた授業を準備してきてもらいます。その上で、上の手順に沿ってマイクロティーチングを行います。ここでは、1人につき45分かかる設定になっていますが、休憩時間を短くしたり、ビデオの視聴や授業をカットしたりすれば、短時間で複数の教員にマイクロティーチングを実施してもらうことができます。

2.2 ティーチングスクエア

ティーチングスクエアは、専門の異なる4人の大学教員がチームを組み、相互の授業観察および授業に関する議論と自己の振り返りを行うものです。これを通して教授法や授業に関する新たな視点や気づきを得ることを目的としています(Rhem 2003)。セントルイス・コミュニティ・カレッジのウェスレイによって大学教員の学びの機会として開発されました。開発当初は専門の異なる4名の教員で構成されることが前提とされていましたが、専門が同じであっても相互に学べる点は多くあります。3人で実施される場合、ティーチングトライアングルと呼ばれます。

特徴は、相手の授業実践を評価するのではなく、お互いを尊重し、励まし、支援することで、相手の授業ではなく自身の授業を改善していくことに主眼を置いている点です。

たとえば、ノーザン・バージニア・コミュニティ・カレッジの場合、約2カ月半をかけて次のような手順で実施されています。

手順	時間
①全体のキックオフ	1カ月目第1週
②イントロダクション	1カ月目第2週
③授業訪問のスケジュールの確定と授業資料の交換	1カ月目第3週
④相互の授業訪問	2カ月目第1～3週
⑤自己の振り返り	2カ月目第4週
⑥メンバー同士の振り返りの共有	3カ月目第1週
⑦全体総括	3カ月目第2週
	計2カ月半

出所　The Center for Excellence in Teaching and Learning, Northern Virginia Community College (2015)

授業参観や授業検討会を実施する場合、参観人数が少ないことを嘆く教員もいますが、無責任な多数の教員を集めるよりは、ティーチングスクエアのように責任をもって少数の教員が継続的に参観し合ったほうが効果的かもしれません。

2.3　カード構造化法

カード構造化法は、カードを使って授業を対象化するために開発された方法です(藤岡1998)。1人で実施することも可能ですが、参観者とともに行うことでより多様な授業の分析が可能となります。

カード構造化法の手順は以下のとおりです。

手順	時間
①授業の観察:実際の授業に参加する、あるいはビデオ記録を視聴する。	
②印象カードの記述:授業観察の後、全体としての印象を単語あるいは単文で表現する。	3分
③関連カードの記述:授業に関して次々に思い浮かぶことを1枚1項目で書く。個人の「感じ」や「表現」を大事にする。	12分
④関連カードの分類とラベリング:すべてのカードを似たものをまとめて二群に分ける。その後それぞれの群に「見出し語(ラベル)」をつける。	30分
⑤ラベルつけ:二群に分けた一つをさらに二分しそれぞれにラベルをつける。その一つを二分してそれぞれにラベルをつける。このように分けられなくなるまで続ける。残りの一つも同様に二分しラベルをつける。	
⑥ツリーの作成:印象カードを中央において、⑤でつけられたラベルの次元をそろえて並べて、ツリー(樹形図)を作成する。	
⑦ツリーの構造化:ツリーをもとにラベルとラベルの関係性(類似、背反、相関、原因と結果など)を線で結びながら構造化する。ファシリテーターが、ツリー作成者の語りの中のキーワードや、十分意識化されていない内容を引き出し、ツリー上に記入する。	
⑧討議:グループ(4～5名)で互いにツリー構造図を共有し、共通性、差異性について話し合う。	
⑨振り返り:以上のプロセスを振り返って、自分の授業の見方について省察する。	
	計45分

出所　藤岡(1995)、寺嶋(2019)を参考に作成

カード構造化法は、教員自らがもつ意味構造を可視化すると同時に、参観者との相互対話を通して自身の授業観が差異化されることで、省察が促される点に特徴があります。口頭だけでの議論ではなく、文字情報を基盤として議論することで、議論が脱線したり、同じ内容が繰り返されたりすることを防ぎ、焦点化された議論に導くことができます。

2.4 ラウンドスタディ

ラウンドスタディとは六つのラウンドからなる、アクティブラーニングを取り入れた研修のことです（石井ほか 2017）。ワールド・カフェの手法にヒントを得て開発されたものです。六つのラウンドのうち、ラウンド0とファイナル・ラウンドは参加者全員で行われるもので、ラウンド1からラウンド3は、3～4名の小グループで行われます（下図）。

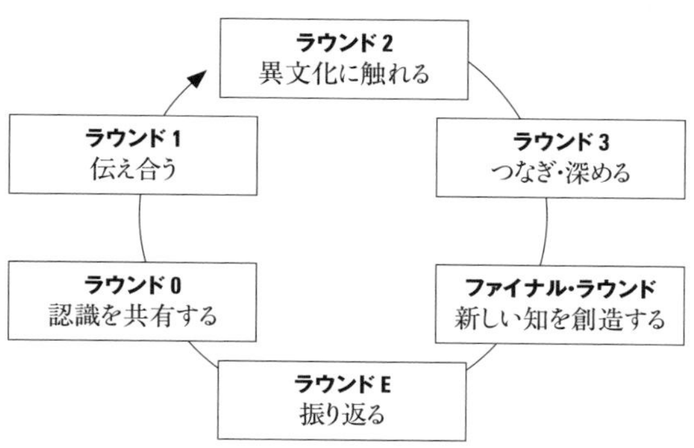

ラウンドスタディの構造（出所　石井ほか 2017、p. 15を参考に作成）

準備段階で用意するものは、座席（1テーブルに4人の座席）、模造紙と3～4色のマジックペン（グループ数分）、まとめ用の短冊（2色それぞれ2枚）です。模造紙の中央には討議テーマを書きます（例：アクティブラーニング、探究学習、ブレンデッド学習）。

ラウンドテーブルの手順は以下のとおりです。

手順	時間
① ラウンド0（認識を共有する）：本研修の目的提示、展開とマナーの説明、アイスブレーキングを行う。	10分
② ラウンド1（伝え合う）：グループ内で、テーマについて、模造紙に各自が考えを書きながら話す。	10分
③ ラウンド2（異文化に触れる）：グループ内で、1名のホストを残して席を移動する。ホストは、模造紙を使って訪問者に議論した内容を伝える。	10分
④ ラウンド3（つなぎ・深める）：ラウンド1のときの席に戻る。グループとしての意見を短冊にまとめる。	10分
⑤ ファイナル・ラウンド（新しい知を創造する）：短冊を使ってグループごとに発表する（各グループ90秒）。示された短冊をホワイトボード上で分類・整理し、全体で議論する。	15分
⑥ ラウンドE（振り返る）：ルーブリックと自由記述欄に記入してもらい振り返る。ラウンドスタディの成果をニュースペーパーにまとめ、後日配付する。	5分
	計60分

出所　石井ほか（2017）を参考に作成

ラウンド実施にあたってのマナーとして、①経験や肩書にしばられないこと、②全員に話す機会が与えられること、③すべての意見がまず受容されること、が設定されています（石井ほか 2017）。

授業参観後の授業検討会をラウンドスタディとして実施することもできます。もちろん、授業参観を実施せずに、特定のテーマで議論する場合にも使用可能です。

2.5 授業カンファレンス

授業カンファレンスは、同一学年の同一教材に基づく複数の授業の比較と検討を中心にして行われる研修方法です（稲垣 1995）。医師が臨床事例に基づき病院や研究会で行っているカンファレンスにヒントを得て開発されました。医師たちは、事例に対する各自の診断を突き合わせて検討し、その議論を通して適切な診断を求めるとともに、プロフェッションとしての力量を高めています。

授業カンファレンスの特徴は以下の３点です（稲垣と佐藤 1996）。

・授業研究の中心は、共同で見る授業、またはビデオによる授業の記録であり、併用することもある。映像によって授業を記録することにより、授業で見落としていた子どもの表現をとらえ、子どもへの理解を深めることができる。
・研究会では、その授業に対する意見、判断を交換し、相互に授業を見る目を広げ、深めていく。
・同じ教材を用いて２人の教員がそれぞれに自分の案で独自に授業を行い、その比較を通して、それぞれの授業の特質や問題点を検討する。二つの授業の比較はいずれかの優劣を評定するものではない。それぞれの意義と問題点を検討することによって授業に対する理解や知見を広げるためである。

授業カンファレンスは以下のプロセスで進められることが理想とされています（稲垣 1995）。約20人の参観者がいる場合、③から⑨まで３時間程度で実施可能です。

①授業者（ボランティア）の決定:若い教員とベテランの教員、実習生と指導の教員、異なった授業の方法をとる教員の組み合わせなどがある。

②教材の研究・授業案の作成:2人で一緒に検討することもあれば、それぞれ独自に行う場合もある。

③二つの授業・ビデオによる記録:二つの授業とは異なる教員による同じ教材の授業、同じ教員による同じ教材の授業、同じ教員の1年おきの授業の比較でもいい。

④参加者の批評・感想:強く印象に残ったこと、重要と思われる点に絞って3〜5分でコメントする。20名以内であれば全員がコメントする。

⑤授業者の内的過程のコメント（ビデオを見ながら）:場面場面での授業実施者の判断、決定といった内的過程をコメントする。自分の迷いや、ゆきづまり、混乱、反省を含めて素直に述べる。外側からとらえた批判（④）と突き合わせることができるので一層有効である。

⑥プロトコール（授業記録）の作製: 時間、教員の発言、子どもの発言、ビデオからとらえられる教員・子どもの行動・板書など、授業者による内的過程のコメントなどを入れて授業記録をつくる。

⑦ビデオとプロトコールによる分析:実践者だけではなく研究者による分析も行われるとよい。

⑧子どもの評価・アンケート:授業の評価、感想、アンケート等を用いる。

⑨授業者による④、⑦、⑧へのコメント:④、⑦がどのように授業者の知見を広げ、次の課題を明らかにしたか、授業の目標がどのように⑧の結果にあらわれているかを検討する。

出所　稲垣（1995）、pp.326-331を参考に作成

大学の授業研究会を想定するならば、授業カンファレンスは、教科書など使用する教材が定められている科目を複数の教員が担当するような場合には有効でしょう。たとえば、語学科目、理系基礎科目、初年次教育科目において取り入れられる可能性は高いでしょう。とりわけ新しく科目を開講する場合には有益でしょう。

2.6 ティーム・ティーチング

ティーム・ティーチング(以下、TT)とは、複数の教員が役割を分担し、協力して指導を行う教育方法です(佐藤ほか 2016)。主に初等・中等教育で実施されてきましたが、高等教育においても長らく実施されています。たとえば、オムニバス形式の授業や実験・実習指導では、複数の教員が教えることがあります。またTAが入った授業もTTの一種といえます。最近では、PBL(Problem-Based Learning / Project-Based Learning)など複雑な課題のグループワークを進める際に、TTが行われることもあります。

TTは教育方法の一つですが、授業前の打ち合わせ、授業中の相互参観、授業後の振り返りをともに行うことで、同僚とともに行う授業改善方法になります。業務の一環として行うことができるので、手軽に実施できる方法です。教員を組み合わせる場合は、同じ専門分野の中堅・ベテラン教員と若手教員、若手教員同士、教員とTA、異なる専門分野の教員同士、大学教員と実務家教員など、さまざまなパターンがあります。それぞれにメリット、デメリットがあります。

ティーム・ティーチングを活用した授業改善のメリット・デメリット

専門分野	組み合わせパターン	メリット	デメリット
同分野	中堅・ベテラン教員 ×若手教員もしくは教員 ×TA	後輩育成機能がある。 改善意欲の高い若手教員が中堅・ベテラン教員の刺激となる。	若手教員が発言しにくい。 中堅・ベテラン教員が必ずしも教育能力が高いわけではない。
	若手教員 ×若手教員	対等な関係で双方に意見を言いやすい。	経験が少ない教員同士のため改善案が出にくい。
異分野	A分野の教員 ×B分野の教員	他分野の内容や方法から多様な学びがある 初年次や教養教育課程で有効	内容面で深い議論がしにくい 専門教育課程では難しい
	大学教員 ×実務家教員	学術界と産業界の双方の視点から新たな学びがある	授業に関する共通知識を共有しにくい

3　ティーチング・ポートフォリオの実例

3.1　ティーチング・ポートフォリオ

人と音楽の関係をサポートする

長崎大学教育学部
西田 治

2014年3月6日作成

小学校での出前授業（上）および教養教育の講義風景（下）

目次

はじめに

私は、現在、大学で教鞭をとるかたわら、保育園での音あそびの実施、小学校での出前授業や音楽レクリエーションの提供、附属中学校吹奏楽部の指導と指揮、週末には親子のための参加型音楽ワークショップの提供など多様な現場で教育実践を行っている。音楽教育が私の専門であるため、教育実践のフィールドが多様であることは有益であると考える一方、実践の場が広がりすぎているとも感じている。このまま多様な実践を続けていってよいのか、あるいは精選して研究活動、大学運営の仕事に尽力したほうがよいのか、という迷いが出てきていた。その時に出会ったのが、TP（ティーチング・ポートフォリオ）の作成である。外側へ向かっての情報収集ではなく、内側へ向かって自らの意識を探究することに興味があったからである。

これらの経緯があるため、私のTP作成の目的は、教育業績の明示というよりも自己省察に焦点を当てたものである。よって、読み手は私自身を想定している。自分の言葉で自分の活動を振り返り、整理するためである。しかしそれは、徹底的に自己を省察し、言語化したものであるので、私自身を理解してもらうのには最適の資料となるとも考える。

理念――人と音楽の関係をサポートすること

私には、音楽を演奏することが苦しくなった時期がある。それは、音楽大学3年の時だった。自らの狭い音楽観（音楽は間違えずに演奏するもの、ステージでの演奏こそが価値あるものなど）が、自らの音楽表現*を苦しくさせていた根源だった。

そんな私の狭い音楽観に揺さぶりをかけ、私と音楽の関係をより豊かなものとするきっかけを与えてくれたのは、大学時代に出会ったサウンドスケープ論である。コンサートホールの内側にある音楽こそが価値ある音楽とする意識がなくなり、様々な音楽を優劣ではなく差異として捉えることができるようになっていった。その経験を生かし、音楽の価値観の拡大に関してまとめたのが修士論文である。それ以来、私のライフワークは、「音楽と人との関係を読み解くこと」となった。幅広く音楽と人のかかわりについて明らかにし、多様な音楽とのかかわり方があることを提示したかったからである。

サウンドスケープ論に出会って以来、私の音楽観はより豊かなものへと変化した

* 音楽表現とは、音楽演奏だけではなく、作曲や即興演奏などの概念を含んだもの

が、演奏をすることへの抵抗は、依然、大きいままだった。そんな私が、大学院修了後、小学生の子どもたちにリコーダーの指導を始めた時のことである。久しぶりに「音楽の演奏が楽しい」と心から思えた瞬間があった。私の演奏するリコーダーを真剣なまなざしで聴いてくれ、また、私とともに楽しそうにリコーダーを演奏してくれる子どもたちから、音楽の楽しさを改めて教えてもらったのだ。

それが転機となり、私のライフワークは、「音楽と人との関係をサポートすること」へと変化していった。私のように音楽が好きなのに音楽と仲が悪くなってしまった人に対して、音楽との関係を仲直りする手伝いがしたいと思うようになったからである。

このライフワークの変化は、私の活動自体を変化させていった。それまで研究に重きを置いていた私であるが、それ以来、子どもたちへの出前授業やワークショップといった教育活動に重きを置くようになっていった。今では、出前授業やワークショップの提供が、私に音楽演奏の楽しさを教えてくれた子どもたちへの恩返しであると同時に、私自身、音楽演奏を心から楽しめる瞬間となっている。

ただし、私自身が現在のように音楽表現を心から楽しめるようになるためには、その後、いくつかの経験が必要であった。それは以下のような経験である。

・音楽的なスキルを問わずに人々が集い、音楽表現を共にするドラムサークルとの出会い
・深い安心感の中で音楽表現を楽しむこと、体で音楽を聴くダンスの素晴らしさ、静寂の心地よさを教えてくれたクリスティーン・スティーブンス氏のワークショップ
・音楽を感じそれを体で表現して伝える指揮法を伝えてくれた時任康文氏のレッスン
・くつろぐこと、くつろぎの中で音楽を紡ぎだすことをインディアンフルートのレッスンを通して伝えてくれたDeva Yoko氏のレッスン
・自ら主宰する参加型音楽ワークショップでの子どもや親子での音楽表現　など…

これらの経験を通して、私の中にある雪が解かされ、音楽表現の素晴らしさを取り戻すことができた。今、私の生活の中には、音楽表現が豊かに存在している。リビングでのインディアンフルートや篠笛の演奏、仲間たちや学生、子どもたちと行うドラムサークルや音あそび、作曲。音楽の恩恵を受けて日々の生活がより豊かなもの

へと変化していった。

私自身の音楽表現が苦しくなった経験、そして様々な出会いによって音楽と仲直りすることができた経験。それにより生活の中に音楽する行為を取り入れる豊かさについて実感している現在。この一連の経験を生かし、私は、一人一人がそれぞれの方法で音楽表現をすることをサポートしていきたいと思うようになった。特に音楽は好きだが、苦手意識がある、表現することへの恐れがある方へのサポートを中心としていきたい。

私のこのライフワークを支えているのは、音楽的スキルの高低を問わず、すべての人は音楽表現にかかわることができ、そうすることで人生がより豊かになるという信念である。なぜなら、すべての人は、もともとアーティストであり、表現者であるからだ。

ここでは音楽表現のみについて述べてきたが、音楽を表現することと切り離せないのが音楽あるいは音そのものを聴く活動である。音楽的なスキルや知識を問わずに、音楽あるいは音を聴き、楽しむことができるようサポートしていくことも行っていきたい。

理念を実現するための3つの姿

一つ目は、実践者としての姿であり、これは2つの役割から形成されている。一方ではファシリテーターであり、音楽のレクリエーションを行う場を主たるフィールドとする。他方では、教師であり、現職教員の研修会、大学での講義、幼稚園・小中学校への出前授業など学校をフィールドとする役割である。

二つ目は、研究者としての姿であり、これは二つの方向性から形成されている。一つは、良質な実践事例を言語化し深めていく実践研究。もう一方は、なぜ人々が音楽

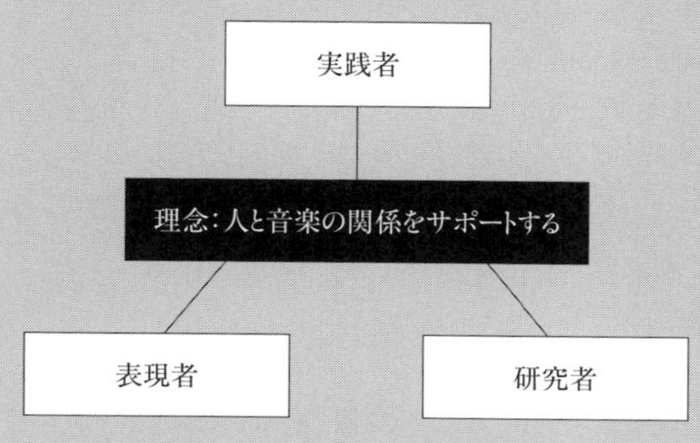

表現をする必要があるのかという根拠をめぐる理論研究である。

三つ目は、表現者としての姿である。一人一人の音楽表現を支えるために、まずは、私自身が表現者であることが重要であると考えている。それは単にコンサートホールなどでの演奏活動をさすものではなく、日々の生活の中に音楽表現を取り入れているという在り方である。

理念を実現するための方法――楽しさの中でスキルと知識を獲得できる方法

音楽は、技術を身につけてこそ楽しめるものというスタンスではなく、音楽の演奏や聴取を楽しんで、夢中になり、繰り返していることで自然とスキルが身についているというのが私の望む方法論である。

音楽的スキルの獲得と音楽を楽しむことは、対立するものではない。音楽を楽しむうちに、夢中になって聴いたり演奏したりしているうちにスキルが身につく部分が大きい。スキルが低い自分を否定しながら「うまくなれば演奏が楽しめる」と考えるのではなく、今の自分を受け入れて楽しみながら上達していってほしい。そのためには、常に「今の自分でも音楽が楽しめる」という意識をもつことが重要である。

これは、私自身が、スキルや知識は、辛いトレーニングを経て身につくものという考えに苦しんだ経験からである。どのようなスキルの習得状況であれ、スキルに関係なく、今すぐに私たちは音楽の楽しさに触れることができる。それに触れながらスキルや知識を獲得していくことを重視したい。

また、楽しさには様々な質がある。すぐにできる楽しさもあれば、積み重ねてわかる・できるという楽しさもある。多様な質があるが、それらに共通する楽しさの原点は、集中である。集中状態に入った時、人は楽しいと感じる。ゆえに私は、サポートする相手が集中状態でスキルや知識を獲得していける方法論を提供するよう心がけている。具体的な方法は、以下の5点である。

一つ目は、教えるよりも引き出す手法である。いわゆるコーチングのスタンスである。具体的な方法としては、やってみせるというモデリング、真似をさせる模倣、鏡となり相手に気付きをうながすミラーリング、指示ではなく問いかけを用いること、などが挙げられる。また、引き出すためには、待つこと、見守ること、リラックスした関係性の構築も重視している。ただし、コーチングは万能ではないため、教えなければならない場面では、ティーチングも行う。

二つ目は、できるだけ思考をはさまずに音楽活動ができる手法をとることである。そのために、活動を行うにあたり言葉での説明を少なくしたり、活動初期での楽譜の使用を最小にすることを心がけている。言葉を少なくするために、モデリングや模倣を使ったり、細かな説明をせずに活動に入り、活動の中で理解していく手法をとったり、楽譜を使用しない代わりにボディサインなどに置き換える手法をとっている。そういった手法を用いることで、思考をできるだけ介さず音楽行動を引き出すことができる。言葉を用いる際も、言葉が音楽表現や聴取の妨げとならないよう、比喩を用いて感覚に訴えるようにするなどの配慮を行っている。

三つ目は、自らがモデリングのモデルとなること。音楽の楽しさを共有したい場面では、自分自身が音楽の楽しさを享受し表現すること、静寂を共有したい場合には、自分自身が静寂を感じ取り、静けさの中に身を置くことなどである。相手を変えようとせず、まず自分が示すこと、自分がその状態になることからスタートすることを手法として重視している。一滴の水が水面に落ちて波紋が広がるように、私は一滴の水の役割となり波紋を起こしたい。

四つ目は、参加者同士のコミュニケーションが促進される方法である。具体的には、互いに音を聞きあう活動や、小グループでの活動、全員で協力した音楽創作の場を設けるなどである。

五つ目は、授業者と受講者、ファシリテーターと参加者が、協調関係の中で学びあい、活動していける手法をとることである。たとえば、大学の講義において評価基準を明確化し示すことは、受講生にとって、どのような基準と方法で評価が行われるのかが事前にわかること、講義で身につけるべきスキルとそのレベルがわかることなどの利益があり、安心感をもって講義に参加できるものと考える。時に、「評価する／される」という関係は、対立関係になりやすいが、互いが評価のメリットを理解したうえで活用できれば、それは対立関係ではなく、教えたい人と学びたい人との豊かな協調関係へと変化するであろう。よって私は、ルーブリックの積極的な活用、評価基準と方法の明示を行っている。

また、大規模授業においては、クリッカーを使用したり、講義後に毎回、感想を記述してもらうことなどは、受講者のニーズや理解の具合を知り、よりよい協調関係を築くための工夫である。ワークショップでは、西田先生ではなく「サム」という愛称で参加者から呼んでもらうこともその手法の一つである。協調関係のない「教える／教えられる」は、教えてやっているという傲慢さ、教えられる側の受け身で積極性のない態度を生む。それは、楽しさの中でのスキル習得にはつながらない。

理念実現のための専門能力の開発

他者の音楽表現を支えるため、また私自身の音楽表現をさらに豊かにするために以下の4点について学び続けている。

一つ目は、音楽の教え方、ファシリテーションについて学ぶことである。そのために私自身が参加者となって各種ワークショップに参加すること、指導法やファシリテーションに関する講習会の受講、事例の収集を行っている。その一例としては、ドラムサークルの父と称されるアーサー・ハル氏のファシリテーション研修の受講(資料1を参照)、米国の音楽療法士であるクリスティーン・スティーブンス氏のワークショップ(2013年4月23日:横浜)およびリトリート(同年4月27日～29日:新潟)の受講、音楽療法士であり打楽器奏者でもあるカラニ・ダス氏のワークショップの受講(2014年3月1日:名古屋、2日:京都)が挙げられる。その他、合唱指導や音楽づくりについての研修会にも積極的に参加している。

二つ目は、音楽への理解をより深めるため、音楽そのものについて学ぶことである。そのために不定期であるがレッスンを受講している。篠笛とインディアンフルートについてはDeva Yoko氏に、作曲とアレンジについては佐野茂晴氏に、指揮法を時任康文氏について現在もレッスンを受講している。

三つ目は、音楽そのものや音楽体験を言語化する力である。研究者、教育者としての姿の際には、音楽や音楽が行われる場の雰囲気など、言葉になりにくいものをできるだけ言葉で表現し他者に伝えることが必要である。たとえば、自らの実践、参観した実践を言葉として記述し他者に示すこと、自らの実践の手法を言葉としてまとめ論文を執筆することなどである。特に教員養成や教員研修会では、言語化して共有すること、知識を伝達することが必要不可欠であるため、より的確な言語表現ができるよう、常に意識している。

四つ目は、人と人とのコミュニケーションについて学ぶことである。それを学ぶために日本メンタルヘルス協会福岡校の講座を受講し、基礎コースを修了した(資料2を参照)。また、自らコーチングを受けたり、書籍を読むなどして理解を深める試みを行っている。

責任――大学における責任

教育学部においては、過去3年間、以下の科目を担当している。初等音楽科教育法、小学校音楽科、初等学習材集中研究、初等授業観察研究、事後指導(小学校)、合奏、音楽学、教養セミナー、卒業論文、ゼミナールなどである（資料3、資料4を参照）。教育学部において私が主として担当しているのは、小学校教育コースの学生たちである。小学校教育コースの学生の中には、音楽を苦手とする学生も数多く在籍している。その意味において、初等音楽科教育法における指導法の講義、小学校音楽科における初級者のためのピアノ実技レッスンなどは、まさに私の理念を実現する講義である。

教養教育では、教育学部、医学部、経済学部、環境科学部、薬学部、水産学部、工学部などの学生を対象として、「芸術とスポーツにおけるコミュニケーション」「言葉と音楽」の2科目を担当している。前者の講義では、ドラムサークルを中心として展開し、音楽によるコミュニケーションの可能性や必要性について取り扱っている。後者の講義では、サウンドスケープについて展開しており、音そのものを聴くことを学ぶ、聴いた音の風景を言語化して他者に伝える、この2点をねらいとして講義を行っている。前者は、教養教育という枠組みの中、音楽的スキルの異なる受講生が一堂に会してドラムサークルを行うものであり、まさに私の理念を実現する科目である。

4つの課外活動

一つ目は、小学校への出前授業、保育園での音あそび、コンサートホールなどでの親子対象のワークショップの提供である。これは、音楽を表現する場と活動の提供であり、私の理念を実現する一つの取組みとなっている（資料5、資料6、資料7、資料8を参照）。

二つ目は、現職の小学校教員を主対象とした講習会（免許状更新講習や実技研修会）の提供である。受講者となる小学校教員の中にも音楽を苦手とする方は多い。その方たちに音楽を気軽に行える方法としてボディパーカッションの手法の紹介などをすることは、私の理念を現実のものとする活動の一端といえる（資料5を参照）。

三つ目は、附属中学校吹奏楽部の指導と指揮を担当していることである。音楽が好きな生徒たちに、みんなで一つの音楽を演奏することの楽しさを伝えることを目的としてかかわっている。吹奏楽は、それぞれの楽器を操れるようになるまでの道のりが長いが、その気持ちを支えながら全体で正確な演奏をするだけではなく、音楽で様々な情景や想いを表現することを重視している。

四つ目は、教育学部での離島実習の事前、事中、事後の指導である。これは2007年度から2012年度までの5年間、担当してきた。この実習は、離島部における小規模小学校の実態を体験的に学ぶことを目指したものである。音楽とはかかわりのない実習であるが、離島部の小規模小学校では人数が少ないため合唱が行いにくいという現状を踏まえ、実習生と子どもたちによる合唱を通じた交流活動を離島実習の中に組み入れてきた。これは功を奏し、子どもたちにとっても実習生にとっても豊かな音楽経験となっている。自作の「つながり」という合唱曲を通じた交流は現在も続いており、新聞にも取り上げられた(資料9を参照)。

取組みに対する評価

一例として、教育学部で担当している初等音楽科教育法の授業アンケート結果を紹介する(資料10を参照)。2013年度前期87名、後期80名の受講生によるアンケート結果である。

「総合的に見て、この講義は自分にとって満足できるものであった」という項目においては、前期･後期ともに5ポイント(5点満点)を獲得している。また、受講生からの感想として、「音楽がより好きになった」「音楽を学ぶ楽しさを知った」「楽しみながらたくさん学ぶことができた」「体験することの素晴らしさと大切さを知った」「グループ活動が特に勉強になったし楽しかった」という意見が挙げられた。

音あそびのワークショップ受講者の感想の例として、2013年度に行った附属小学校6年生の保護者会での音あそびの感想を提示する(資料11を参照)。ここでは、親子で音楽を楽しめたこと、静寂の穏やかさ、手拍子や足拍子だけでも音楽が楽しめることへの驚きが感想として書かれていた。

取組みの成果

学生の感想、WS受講者、講習会受講者の感想の中から、理念や手法が伝わったこと、効果的であったことを示すものとして資料を添付する(資料11、資料12を参照)。

今後の目標

実践者としての活動を始めたころは、「もっと多くのフィールドに出て、もっと多くの場と活動をサポートしたい」という気持ちが大きかった。しかし、今は走り続けるように行ってきた実践の取組みを精選し、一つひとつの実践の質の向上、実践の根底をなす理論の構築を行っていきたいと考えている。

長期目標

・表現者、実践者、研究者のバランスが等分になるようにする。特に研究の充実を図る。

短期目標

・表現者、実践者、研究者のバランスについて意識的になる。実践の精選を図る。
・実践の記録方法、評価方法を確立する。その型をつくる。自動的に講義の記録や取組みの成果を把握できるような仕組みをつくっていく。
・大学の講義において受講生と協調関係の中で講義を進めていける方法をさらに模索していく。そのためにルーブリックを作成し活用するなどの授業改善と、FD研修会への積極的な参加によるスキルアップを目指す。
・特にルーブリックの作成を通して、自らの評価基準を明確化することを目指す。
・音楽指導における言語の在り方に関する研究論文を執筆する。どのような指導言がよいのかについて明らかにする。

添付資料（省略）

資料1 アーサー・ハル氏プレイショップ受講証
資料2 日本メンタルヘルス協会 基礎コース修了証
資料3 担当講義一覧
資料4 担当講義のシラバス
資料5 社会貢献一覧
資料6 自らの実践について著述した論文
資料7 雑誌記事（地域創造ニュースレター）
資料8 「音育」実施報告書
資料9 新聞記事
資料10 初等音楽科教育法 授業評価結果（3年分）
資料11 小学校における音あそびの感想
資料12 受講生たちから寄せられた感想

3.2 ティーチング･ポートフォリオ作成後の感想

振り返ることの大切さ

西田 治（長崎大学教育学部）

TPを書いて一番の収穫は何だったかと問われれば、「時間をとって振り返ること」の大切さに気が付けたことと答えます。

TPを書いた当時（2014年3月）、音楽教育を専門とする私は、大学の講義以外にも一般の方に向けた音楽ワークショップ、小中学校への出前授業、授業改善のためのFDにも積極的に参加していました。そのように走り続けてきたおり、ふと目にとまったのが、Fレックス（福井県学習コミュニティ推進協議会）主催のTP作成ワークショップでした。

TPの作成は、メンターとの対話をはさみながらひたすら自己と向き合う時間であり、TPの作成を通して一番課題だと感じたのは、自らの活動内容の膨大さでした。TP作成後、徐々に学外の活動を精査し、これまでに大きく分けて三つの変化が起こっています。

一つ目は、活動を精査したことで、授業の準備時間ができたことです。授業準備の時間をスケジューリングし、事前には授業のめあて、流れ、手立てをあらためて書き出し、授業後には簡単な振り返りを書く活動を始めました。授業後に反省や気づきを書きとめることで、それらを次年度に生かすことができるようになりました。

二つ目は、評価の内容と方法を受講生に明確に提示して講義を行うようになったことです。これは、TPの「理念を実現するための方法」で、「受講生と協調関係の中で学びあい、活動していける手法をとる」と宣言したことにより起きた変化です。講義は、ともすると「評価する／評価される」という関係となり、協調よりも対立的な関わりになってしまいます。これを解消し協調関係の中で学べるように、講義で身につけるべきスキルや知識および評価の内容と方法を提示することで、受講生が安心感をもって講義を受講できるように改善しました。これによって講義がスムーズに進むようになり、また、評価を明確にしたことで、授業の到達目標がよりクリアになりました。

三つ目は、講義やゼミの活動に振り返りと目標設定の機会を設けるようになったことです。これは、私自身がTPの作成を通して、振り返ることと目標設定を行うことの重要性を実感したことによるもので、特にゼミの活動では力を入れて行ってきました。この原稿を書いている2018年3月、この1年間ゼミをまとめてくれたゼミ長K君が、卒業にあたり3年生の後輩に伝えた言葉に、「僕が西田ゼミに入って良かったと思う一番のことは、振り返りと目標設定の時間がたくさんあったことです。」とありました。これには正直驚きましたが、とても嬉しく感じました。

私が福井でTPを作成してから4年が過ぎました。あの時、新しいことを知るのと同じぐらいに、立ち止まり、時間をかけて振り返ることの大切さに気が付けて本当によかったと感じています。私にとってTPの作成は、ティップスのような即効性はありませんでしたが、長期的にじんわりと効果を発揮し、日々の授業改善の礎になってくれています。

参考文献

秋田喜代美、キャサリン・ルイス編著(2008)『授業の研究　教師の学習――レッスンスタディへのいざない』明石書店

浅田匡(1998)「自分の授業を見直す――授業日誌法の活用」浅田匡、生田孝至、藤岡完治編著『成長する教師――教師学への誘い』金子書房、pp. 147-160

D・アレン、K・ライアン(笹本正樹、川合治男訳)(1975)『マイクロティーチング――教授技術の新しい研修法』協同出版

スーザン・A・アンブローズ、マイケル・W・ブリッジズ、ミケーレ・ディピエトロ、マーシャ・C・ラベット、マリー・K・ノーマン(栗田佳代子訳)(2014)『大学における「学びの場」づくり――よりよいティーチングのための7つの原理』玉川大学出版部

石井英真(2019)「教師の学びと成長とは?――リフレクション入門」『リフレクション大全(授業づくりネットワークNo.31)』学事出版

石井英真、原田三朗、黒田真由美編著(2017)『Round Study 教師の学びをアクティブにする授業研究――授業力を磨く! アクティブ・ラーニング研修法』東洋館出版社

石井美和(2010)「大学教員のキャリア・ステージと能力開発の課題――広島大学教員調査と東北大学教員調査から」『東北大学高等教育開発推進センター紀要』5号、pp. 29-42

石山恒貴(2018)『越境的学習のメカニズム――実践共同体を往還しキャリア構築するナレッジ・ブローカーの実像』福村出版

稲垣忠彦(1966)『明治教授理論史研究――公教育教授定型の形成』評論社

稲垣忠彦(1995)『授業研究の歩み――1960-1995年』評論社

稲垣忠彦、佐藤学(1996)『授業研究入門』岩波書店

井下理(1993)「『学生による授業調査』制度の意義とあり方について――慶應湘南藤沢キャンパスの授業調査の経験から」『一般教育学会誌』15巻2号、pp. 50-51

猪股歳之(2013)「キャリアステージの上昇と職務経験」東北大学高等教育開発推進センター編『大学教員の能力――形成から開発へ』東北大学出版会、pp. 145-158

バーバラ・ウォルワード(山﨑めぐみ、安野舞子、関田一彦訳)(2013)『大学教育アセスメント入門――学習成果を評価するための実践ガイド』ナカニシヤ出版

ノエル・エントウィルス(山口栄一訳)(2010)『学生の理解を重視する大学授業』玉川大学出版部

大阪府立大学高専ティーチング・ポートフォリオ研究会編著(2011)『実践 ティーチング・ポートフォリオ スターターブック――実質的な教育改善活動を目指して』NTS

大谷尚(2000)「授業記録」日本教育工学会『教育工学事典』実教出版、pp. 271-272

大森昭生、成田秀夫、山本啓一、吉村充功編著(2018)『今選ぶなら、地方小規模私立大学!――偏差値による進路選択からの脱却』レゾンクリエイト

大山牧子(2018)『大学教育における教員の省察――持続可能な教授活動改善の理論と実践』ナカニシヤ出版

大山泰宏(2001)「FDとしての公開授業」京都大学高等教育教授システム開発センター編『大学授業のフィールドワーク――京都大学公開実験授業』玉川大学出版部、pp. 141-166

大山泰宏(2007)「授業評価の発想と歴史」山地弘起編著『授業評価活用ハンドブック』玉川大学出版部、pp. 11-30

沖裕貴、田中均(2006)「山口大学におけるグラデュエーション・ポリシーとアドミッション・ポリシー策定の基本的な考え方について」『大学教育』3号、pp. 39-55

織田揮準(1991)「大福帳による授業改善の試み――大幅帳効果の分析」『三重大学教育学部研究紀要(教育科学)別冊』42号、pp. 167-169

鹿毛雅治(2017)「教師の専門的能力」日本教師教育学会編『教師教育研究ハンドブック』学文社、pp. 266-269

梶田叡一(2010)『教育評価(第2版補訂2版)』有斐閣双書

加藤由香里(2010)「授業観察システムFD Commonsによる授業改善の支援」『教育メディア研究』16巻

2号、pp. 33-45
金子智栄子(2007)「マイクロティーチングに関するわが国の研究動向について——保育者養成課程へのマイクロティーチングの導入と課題」『文京学院大学人間学部研究紀要』9巻1号、pp. 131-150
神田由美子、富澤宏之(2015)『大学等教員の職務活動の変化——「大学等におけるフルタイム換算データに関する調査」による2002年、2008年、2013年調査の3時点比較』文部科学省科学技術・学術政策研究所
岸学(2000)「先行オーガナイザー」日本教育工学会編『教育工学事典』実教出版、pp. 341-342
スティーブン・ギブンズ(2017)「日本の「縦割り法学部」へようこそ　分断された専門の弊害」『法と経済のジャーナル』(朝日新聞デジタル http://judiciary.asahi.com/fukabori/2017062300001.html 2020年1月14日閲覧)
京都大学高等教育教授システム開発センター編(1997)『開かれた大学授業をめざして——京都大学公開実験授業の一年間』玉川大学出版部
京都大学高等教育教授システム開発センター編(2001)『大学授業のフィールドワーク——京都大学公開実験授業』玉川大学出版部
吉良直(2010)「米国大学のCASTL プログラムに関する研究 ——3教授の実践の比較考察からの示唆」『名古屋高等教育研究』10号、pp. 97-116
串本剛(2005)「教育目的との対応にみる教育評価の妥当性——授業評価項目の分析を具体例に」『大学教育学会誌』27巻1号、pp. 124-130
栗田佳代子編(2009)「日本におけるティーチング・ポートフォリオの可能性と課題——ワークショップから得られた知見と展望」『評価結果を教育研究の質の改善・向上に結びつける活動に関する調査研究会報告書』大学評価・学位授与機構
栗田佳代子、吉田塁、大野智久編著(2018)『教師のための「なりたい教師」になれる本!——TPチャートでクラスも授業改善もうまくいく!』学陽書房
国立教育政策研究所FDer研究会編(2009)『大学・短大でFDに携わる人のためのFDマップと利用ガイドライン』国立教育政策研究所
小林宏己(2017)「実践経験者から生み出される授業記録と意味解釈」鹿毛雅治、藤本和久編著『「授業研究」を創る——教師が学びあう学校を実現するために』教育出版、pp. 72-92
小柳和喜雄、柴田好章編著(2017)『Lesson Study(レッスンスタディ)』ミネルヴァ書房
フレット・コルトハーヘン編著(武田信子監訳)(2010)『教師教育学——理論と実践をつなぐリアリスティック・アプローチ』学文社
今野文子(2016)「大学院生を対象とした大学教員養成プログラム(プレFD)の動向と東北大学における取組み」『東北大学高度教養教育・学生支援機構紀要』2号、pp. 61-74
今野文子編著(2017)『授業参観のすすめ(PDブックレットVol.8)』東北大学高度教養教育・学生支援機構
佐伯胖、刑部育子、苅宿俊文(2018)『ビデオによるリフレクション入門——実践の多義創発性を拓く』東京大学出版会
佐藤浩章(2009)「FDにおける臨床研究の必要性とその課題——授業コンサルテーションの効果測定を事例に」『名古屋高等教育研究』9号、pp. 179-198
佐藤浩章(2013)「構造化された知を伝えるグラフィック・シラバス」清水亮、橋本勝編『学生と楽しむ大学教育——大学の学びを本物にするFDを求めて』ナカニシヤ出版、pp. 90-104
佐藤浩章、城間祥子、大竹奈津子、香川順子、安野舞子、倉茂好匡(2011)「授業コンサルテーションの現状と可能性」『大学教育学会誌』33巻2号、pp. 50-53
佐藤浩章、中井俊樹、小島佐恵子、城間祥子、杉谷祐美子編(2016)『大学のFD Q&A』玉川大学出版部
佐藤浩章編(2010)『大学教員のための授業方法とデザイン』玉川大学出版部
佐藤学、秋田喜代美、岩川直樹、吉村敏之(1991)「教師の実践的思考様式に関する研究(2)——思考過程の質的検討を中心に」『東京大学教育学部紀要』31号、pp. 183-200
佐藤学(1996)「実践的探究としての教育学——技術的合理性に対する批判の系譜」『教育学研究』63巻3号、pp. 66-73
佐藤学(2015)『専門家として教師を育てる——教師教育改革のグランドデザイン』岩波書店

澤田忠幸(2010)「学生による授業評価の課題と展望」『愛媛県立医療技術大学紀要』7号、pp. 13-19
柴田好章(2000)「授業案」日本教育工学会編『教育工学事典』実教出版、pp. 267-268
ドナルド・アラン・ショーン(柳沢昌一、三輪建二監訳)(2007)『省察的実践とは何か――プロフェッショナルの行為と思考』鳳書房
D・W・ジョンソン、R・T・ジョンソン、K・A・スミス(関田一彦監訳)(2001)『学生参加型の大学授業――協同学習への実践ガイド』玉川大学出版部
神藤貴昭、尾崎仁美(2004)「高等教育段階における教授者のストレス過程――ストレッサー・対処行動の様相」『発達心理学研究』15巻3号、pp. 345-355
アーネスト・T・ストリンガー(目黒輝美、磯部卓三監訳)(2012)『アクション・リサーチ』フィリア
関かおる(2009)「日本語教師養成プログラムの研究――マイクロティーチングを使った実践的教育法の研究」杏林大学大学院国際協力研究科『大学院論文集』6号、pp. 41-54
関友作(2007)「説明と視覚表現」比留間太白、山本博樹編『説明の心理学――説明社会への理論・実践的アプローチ』ナカニシヤ出版、pp. 80-93
ピーター・セルディン(大学評価・学位授与機構監訳、栗田佳代子訳)(2007)『大学教育を変える教育業績記録――ティーチング・ポートフォリオ作成の手引』玉川大学出版部
大学改革支援・学位授与機構(2016)『高等教育に関する質保証関係用語集(第4版)』
大学改革支援・学位授与機構(2017)「大学機関別認証評価 大学評価基準」
大同工業大学(2009)『特色ある大学教育支援プログラム報告書:全教員を対象にした公開研究授業の組織化――授業改善のためのフィードバック・ループ形成の試み』大同工業大学授業開発センター、pp. 21-22
高橋和子、林義樹、種田保穂、影井清一郎、矢口哲之、神崎奈緒美(2005)「授業改善に向けた全学の取り組み――授業評価と授業計画書の一体化」『京都大学高等教育研究』11号、pp. 19-32
田口真奈、藤田志穂、神藤貴昭、溝上慎一(2003)「FDとしての公開授業の類型化――13大学の事例をもとに」『日本教育工学雑誌』27号、pp. 25-28
田口真奈(2007)「授業評価の諸機能」山地弘起編著『授業評価活用ハンドブック』玉川大学出版部、pp. 31-51
舘野泰一(2017)「越境学習」中原淳編『人材開発研究大全』東京大学出版会、pp. 555-578
田中耕治編(2005)『よくわかる教育評価』ミネルヴァ書房
田中毎実(2011)『大学教育の臨床的研究――臨床的人間形成論 第1部』東信堂
田中博之(2000)「アクションリサーチ」日本教育工学会編『教育工学事典』実教出版、pp. 25-26
玉井健、渡辺敦子、浅岡千利世(2019)「実践としてのリフレクティブ・プラクティス」玉井健、渡辺敦子、浅岡千利世『リフレクティブ・プラクティス入門』ひつじ書房、pp. 67-99
中央教育審議会(2008)「学士課程教育の構築に向けて(審議のまとめ)用語解説」
中央教育審議会(2008)「学士課程教育の構築へ向けて(答申)」
中央教育審議会(2012)「新たな未来を築くための大学教育の質的転換に向けて――生涯学び続け、主体的に考える力を育成する大学へ(答申)」
ジョン・デューイ(河村望訳)(2000)『デューイ=ミード著作集7 学校と社会・経験と教育』人間の科学社
寺嶋浩介(2019)「模擬授業・研究授業の実施と改善」稲垣忠編著『教育の方法と技術――主体的・対話的で深い学びをつくるインストラクショナルデザイン』北大路書房、pp. 188-213
東北大学高等教育開発推進センター編(2013)『大学教員の能力――形成から開発へ』東北大学出版会
中井俊樹、服部律子編(2018)『授業設計と教育評価(看護教育実践シリーズ2)』医学書院
中島章夫(1988)『授業技術講座 基礎技術編2――授業を改善する』ぎょうせい
中島平(2008)「レスポンスアナライザによるリアルタイムフィードバックと授業映像の統合による授業改善の支援」『日本教育工学会論文誌』32巻2号、pp. 169-179
中島英博編著(2016)『授業設計(シリーズ 大学の教授法1)』玉川大学出版部
中原淳(2012)『経営学習論――人材育成を科学する』東京大学出版会
中原淳(2014)「「職場における学習」の探究」『組織科学』48巻2号、pp. 28-37
中原淳、中村和彦(2018)『組織開発の探究――理論に学び、実践に活かす』ダイヤモンド社

中村晃、神藤貴昭、田口真奈、西森年寿、中原淳（2007）「大学教員初任者の不安の構造とその不安が職務満足感に与える影響」『教育心理学研究』55号4号、pp.491-500
中村知靖（2007）「授業アンケートの整理」山地弘起編著『授業評価活用ハンドブック』玉川大学出版部、pp. 122-138
楢林建司、佐藤浩章（2005）「ワークショップ型授業の試みと授業コンサルティングサービス」『大学教育実践ジャーナル』3号、pp. 45-55
西口利文、梶田正巳（1998）「自分の授業を知る」浅田匡、生田孝至、藤岡完治編著『成長する教師——教師学への誘い』金子書房、pp. 134-146
日本教育心理学会（2012）「日本教育心理学会倫理綱領」
日本高等教育開発協会、ベネッセ教育総合研究所編（2016）『大学生の主体的学びを促すカリキュラム・デザイン——アクティブ・ラーニングの組織的展開にむけて』ナカニシヤ出版
マルカム・ノールズ（堀薫夫、三輪建二監訳）（2002）『成人教育の現代的実践——ペダゴジーからアンドラゴジーへ』鳳書房
ロバート・パイク（中村文子監訳、藤原るみ訳）（2008）『クリエイティブ・トレーニング・テクニック・ハンドブック（第3版）』日本能率協会マネジメントセンター
南風原朝和（2002）『心理統計学の基礎——統合的理解のために』有斐閣
羽田貴史（2011）「大学教員の能力開発をめぐる課題」『名古屋高等教育研究』11号、pp. 293-312
日向野幹也、松岡洋佑（2017）『増補版　大学教育アントレプレナーシップ——いかにリーダーシップ教育を導入したか』ブックウェイ
樋口健（2016）「カリキュラム改革の推進と合意形成の工夫」日本高等教育開発協会、ベネッセ教育総合研究所編『大学生の主体的学びを促すカリキュラム・デザイン——アクティブ・ラーニングの組織的展開にむけて』ナカニシヤ出版、pp. 61-64
姫野完治（2013）『学び続ける教師の養成——成長観の変容とライフヒストリー』大阪大学出版会
広岡亮蔵（1964）『授業改造』明治図書出版
藤岡完治（1998）「自分のことばで授業を語る——カード構造化法」浅田匡、生田孝至、藤岡完治編著『成長する教師——教師学への誘い』金子書房、pp. 118-133
藤岡信勝（1991）『ストップモーション方式による授業研究の方法』学事出版
ドナルド・A・ブライ（山口栄一訳）（1985）『大学の講義法』玉川大学出版部
ケン・ベイン（高橋靖直訳）（2008）『ベストプロフェッサー』玉川大学出版部
別惣淳二（2017）「教師の実践的知識」日本教師教育学会編『教師教育研究ハンドブック』学文社、pp. 270-273
アーネスト・L・ボイヤー（有本章訳）（1996）『大学教授職の使命——スカラーシップ再考』玉川大学出版部
寳理翔太朗、寺田達也、加藤由香里、江木啓訓、塚原渉、中川正樹（2008）「授業映像への手書きアノテーションによるピア・レビューシステム」『信学技報』108巻315号、pp. 17-22
ホートン広瀬恵美子、榊原暢久（2014）「芝浦工業大学における学生参画型FD活動SCOTプログラム」『京都大学高等教育研究』20号、pp. 31-38
米谷淳（2007）「学生による授業評価についての実践的研究」『大学評価・学位研究』5号、pp. 123-134
松尾睦（2006）『経験からの学習——プロフェッショナルへの成長プロセス』同文舘出版
ウィルバート・ジェームズ・マッキーチ（高橋靖直訳）（1984）『大学教授法の実際』玉川大学出版部
松本雄一（2019）『実践共同体の学習』白桃書房
三浦和美、中島平、渡部信一（2012）「手書きパッドによる授業リフレクション支援のツール開発」『日本教育工学会論文誌』36巻3号、pp. 261-269
水越敏行（1979）『授業改造の視点と方法（講座授業改造①）』明治図書出版
見舘好隆、永井正洋、北澤武、上野淳（2008）「大学生の学習意欲、大学生活の満足度を規定する要因について」『日本教育工学会論文誌』32号、pp. 189-196
皆本晃弥（2012）『ティーチング・ポートフォリオ導入・活用ガイド——大学教員の教育者としての業績記録』近代科学社
牟田博光（2003）「授業改善システムの構築とその成果」『京都大学高等教育研究』9号、pp. 1-11
村山航（2012）「妥当性概念の歴史的変遷と心理測定学的観点からの考察」『教育心理学年報』51号、

pp. 118-130
サミュエル・メシック(1992)「妥当性」ロバート・L・リン編(池田央、藤田恵璽、柳井晴夫、繁桝算男訳)『教育測定学 上巻』みくに出版、pp. 19-145
文部科学省(2014)「大学等におけるフルタイム換算データに関する調査」
文部科学省 (2019)「学校教育法施行規則及び大学院設置基準の一部を改正する省令の施行等について(通知)」
文部科学省(2020)「平成29年度の大学における教育内容等の改革状況について」
安岡高志(1995)「東海大学における学生による授業評価」『工学教育』43巻4号、pp. 32-35
安岡高志(2007)「学生による授業評価の進展を探る」『京都大学高等教育研究』13号、pp. 73-88
安岡高志、滝本喬、三田誠広、香取草之助、生駒俊明(1999)『授業を変えれば大学は変わる』プレジデント社
山川信晃(1990)「マイクロティーチング」細谷俊夫、奥田真丈、河野重男、今野喜清(編集代表)『新教育学大事典』第6巻、第一法規出版、pp. 293-294
山田剛史(2016)「カリキュラム改定のポイント」日本高等教育開発協会、ベネッセ教育総合研究所編『大学生の主体的学びを促すカリキュラム・デザイン——アクティブ・ラーニングの組織的展開にむけて』ナカニシヤ出版、pp. 27-33
山田昇(2004)「教師の技量」日本教育方法学会編『現代教育方法事典』図書文化社、p. 502
山地弘起編著(2007)『授業評価活用ハンドブック』玉川大学出版部
吉崎静夫(1995)「授業における子どもの内面過程の把握と授業改善」水越敏行監修、梶田叡一編著『授業研究の新しい展望(現代の教育技術学 上)』明治図書出版、pp. 68-80
吉崎静夫(1997)『デザイナーとしての教師　アクターとしての教師』金子書房
吉崎静夫(2000)「教師の成長・発達」日本教育工学会編『教育工学事典』実教出版、pp. 197-199
ロンドン大学教育研究所大学教授法研究部(喜多村和之、馬越徹、東曜子編訳)(1982)『大学教授法入門——大学教育の原理と方法』玉川大学出版部

Aleamoni, L. M. (1999) "Student rating myths versus research facts from 1924 to 1998," *Journal of Personnel Evaluation in Education*, 13(2), pp. 153-166.
Anderson, L. W., Krathwohl, D. R. (2001) *A Taxonomy for Learning, Teaching, and Assessing: A Revision of Bloom's Taxonomy of Educational Objectives*, Longman.
Astin, A. W. (1993) *What Matters in College? : Four Critical Years Revisited*, Jossey-Bass.
Barr, R. B., Tagg, J. (1995) "From Teaching to Learning—A New Paradigm for Undergraduate Education," *Change: The Magazine of Higher Learning*, 27(6), pp. 12-26.
Berthiaume, D. (2009) "Teaching in the Disciplines," Fry, H., Ketteridge, S., Marshall, S.(eds.), *A Handbook for Teaching and Learning in Higher Education: Enhancing Academic Practice (3rd ed.)*, Routledge.
Bligh, D. A. (2000) *What's the Use of Lectures?*, Jossey-Bass.
Blomberg, G., K. Stürmer, T. Seidel. (2011) "How Pre-Service Teachers Observe Teaching on Video: Effects of Viewers' Teaching Subject and the Subject of the Video," *Teaching and Teacher Education*, 27(7), pp. 1131-1140.
Bloom, B. S. (1956) *Taxonomy of Educational Objectives: The Classification of Educational Goals, Handbook I: Cognitive Domain*, Longmans.
Bloom, B. S. (1971) "Mastery Learning," in J. H. Block (ed.), *Mastery Learning: Theory and Practice*, Holt Rinehart and Winston.
Bloom, B. S., Hastings, J. T., Madaus, G. F. (1971) *Handbook on Formative and Summative Evaluation of Student Learning*, McGraw-Hill.
Brownell, S. E., Tanner, K. D. (2012) "Barriers to Faculty Pedagogical Change: Lack of Training, Time, Incentives, and… Tensions with Professional Identity?" *CBE-Life Sciences Education*, 11(4), pp. 339-346.

Buchanan, R. W., Rogers, M. (1990) "Innovative Assessment in Large Classes," *College Teaching*, 38(2), pp. 69-73.

Cashin, W. E. (1999) "Student Rating of Teaching: Uses and Misuses," in Seldin, P. (ed.), *Changing Practices in Evaluating Teaching*, pp. 25-44.

Charteris, J., Smardon, D. (2013) "Second Look-Second Think: A Fresh Look at Video to Support Dialogic Feedback in Peer Coaching," *Professional Development in Education,* 39(2), pp. 168-185.

Chism, N. V. N., Holley, M., Harris, C. (2012) "Researching the Impact of Faculty Development: Basis for Informed Practice," *To Improve the Academy*, 29, pp. 129-145.

Christensen, C. R. (1987) *Teaching and the Case Method*, Harvard Business School Press.

Cohen, P. A. (1980) "Effectiveness of Student-Rating Feedback for Improving College Instruction: A Meta-Analysis of Findings," *Research in Higher Education,* 13(4), pp. 321-341.

Cox, M. D. (2004) "Introduction to Faculty Learning Communities," *New Directions for Teaching and Learning,* 2004(97), pp. 5-23.

Cox, M. D., Sorenson, D. L. (2000) "7: Student Collaboration in Faculty Development: Connecting Directly to the Learning Revolution," *To Improve the Academy,* 18(1), pp. 97-127.

Crocker, L., Algina, J. (1986) *Introduction to Classical and Modern Test Theory*, Holt, Rinehart and Winston.

Cross, K. P. (1998) "Why Learning Communities? Why Now?," *About Campus*, 3 (3), pp. 4-11.

Darling-Hammond, L., Wise, A. E., Klein, S. P. (1995) *A License to Teach: Building a Profession for 21st Century Schools*, Westview Press.

Deslauriers, L. (2011) "Improved Learning in a Large-Enrollment Physics Class," *Science*, 332 (6031), pp. 862-864.

Dochy, F., Segers, M., Sluijsmans, D. (1999) "The Use of Self-, Peer and Co-Assessment in Higher Education: A Review," *Studies in Higher Education*, 24(3), pp. 331-350.

Doig, B., Groves, S. (2011) "Japanese Lesson Study: Teacher Professional Development through Communities of Inquiry," *Mathematics Teacher Education and Development*, 13 (1), pp. 77-93.

Ebbinghaus, H. (1885) *Memory: A Contribution to Experimental Psychology*, Teachers College, Columbia University.

Eccles, J. (1983) "Expectancies, Values, and Academic Behaviors," in J. T. Spence (ed.), *Achievement and Achievement Motives: Psychological and Sociological Approaches*, pp. 75-146.

Falchikov, N., Goldfinch, J. (2000) "Student Peer Assessment in Higher Education: A Meta-Analysis Comparing Peer and Teacher Marks," *Review of Educational Research*, 70(3), pp. 287-322.

Feldman, K. A. (1978) "Course Characteristics and College Students' Ratings of Their Teachers: What We Know and What We Don't," *Research in Higher Education,* 9(3), pp. 199-242.

Gaudin, C., Chaliès, S. (2015) "Video Viewing in Teacher Education and Professional Development: A Literature Review," *Educational Research Review,* 16, pp. 41-67.

Goodman, R. (2005) "Whither the Japanese University?," in Eades J. S., Goodman R., Hada Y. (eds.), *'The Big Bang' in Japanese Universities: The 2004 Reforms and the Dynamics of Change*, pp. 1-31.

Goodyear, G. E., Allchin, D. (1998) "Statements of Teaching Philosophy," *To Improve Academy*, 17(1), pp. 103-121.

Guskey, T. R. (2002) "Professional Development and Teacher Change," *Teachers and Teaching,* 8 (3), pp. 381-391.

Hatchings, P., Shulman, S. L. (1999) "The Scholarship of Teaching: New Elaborations, New

Developments," *Change: The Magazine of Higher Learning*, 31(5), pp. 10-15.
Haladyna, T. M. (2012) *Developing and Validating Multiple-Choice Test Items*, Routledge.
Hattie, J. (2003) "Teachers Make a Difference: What Is the Research Evidence?," *Paper Presented at the Australian Council for Educational Research Annual Conference on Building Teacher Quality*, Melbourne.
Hedberg, B. L. T. (1981) "How Organizations Learn and Unlearn," in Nystrom, P. C. and Starbuck, W. H. (eds.), *Handbook of Organizational Design, Vol. 1: Adapting Organizations to Their Environments*, Oxford University Press, pp. 3-27.
Jacobson, W., Wulff, D. H., Grooters, S., Edwards, P. M., Freisem, K. (2009) "Reported Long-Term Value and Effects of Teaching Center Consultations," *To Improve the Academy*, 27(1), pp. 223-246.
Joel, M. (2007) "Faculty Perceptions about Barriers to Active Learning," *College Teaching*, 55(2), pp. 42-47.
Keller, J. M. (1987) "Development and Use of the ARCS Model of Instructional Design," *Journal of Instructional Development*, 10(3), pp. 2-10.
Kline, P. (2000) *The Handbook of Psychological Testing (2nd ed.)*, Routledge.
Kolb, D. A. (1984) *Experiential Learning: Experience as the Source of Learning and Development*, Prentice-Hall.
Kurita, K. (2013) "Structured Strategy for Implementation of the Teaching Portfolio Concept in Japan," *International Journal for Academic Development*, 18(1), pp. 74-88.
Lewis, K. G. (2002) "The Process of Individual Consultation," in Gillespie, K. H. (ed.), *A Guide to Faculty Development: Practical Advice, Examples, and Resources*, Anker Publishing Company, Inc., pp. 59-73.
Lundstrom, K., Baker, W. (2009) "To Give Is Better than to Receive: The Benefits of Peer Review to the Reviewer's Own Writing," *Journal of Second Language Writing*, 18(1), pp. 30-43.
Mantz, Y. (2003) "Formative Assessment in Higher Education: Moves towards Theory and the Enhancement of Pedagogic Practice," *Higher Education*, 45(4), pp. 477-501.
Marsh, H. W. (1987) "Students' Evaluations of University Teaching: Research Findings, Methodological Issues, and Directions for Future Research," *International Journal of Educational Research*, 11(3), pp. 253-388.
Marsh, H. W., Roche, L. A. (1997) "Making Students' Evaluations of Teaching Effectiveness Effective: The Critical Issues of Validity, Bias, and Utility," *American Psychologist*, 52(11), pp. 1187-1197.
Matsushita, K., Ono, K., Saito, Y. (2018) "Combining Course- and Program-Level Outcomes Assessments through Embedded Performance Assessments at Key Courses: A Proposal Based on the Experience from a Japanese Dental Education Program," *Tuning Journal for Higher Education*, 6(1), pp. 111-142.
Michaelsen, L. K., Knight, A. B., Fink, L. D. (eds.) (2004) *Team-Based Learning: A Transformative Use of Small Groups in College Teaching*, Stylus.
Min, H.-T. (2006) "The Effects of Trained Peer Review on EFL Students' Revision Types and Writing Quality," *Journal of Second Language Writing*, 15(2), pp. 118-141.
Niemi, H. (2002) "Active Learning—a Cultural Change Needed in Teacher Education and Schools," *Teaching and Teacher Education*, 18(7), pp. 763-780.
Nilson, L. B. (2007) *The Graphic Syllabus and the Outcomes Map: Communicating Your Course*, Jossey-Bass.
Nyquist, J. D., Wulff, D. H. (2001) "Consultation Using a Research Perspective," in Lewis, K. G., Lunde, J. T. P. (eds.), *Face to Face*, New Forums Press.
Palincsar, A. S., Brown, A. L. (1984) "Reciprocal Teaching of Comprehension-Fostering and Comprehension-Monitoring Activities," *Cognition and Instruction*, 1(2), pp. 117-175.

Pascarella, E. T., Terenzini, P. T. (1977) "Patterns of Student-Faculty Informal Interaction beyond the Classroom and Voluntary Freshman Attrition," *The Journal of Higher Education*, 48(5), pp. 540-552.

Penny, A. R., Coe, R. (2004) "Effectiveness of Consultation on Student Ratings Feedback: A Meta-Analysis," *Review of Educational Research*, 74(2), pp. 215-253.

Ramsden, P. (1991) "A Performance Indicator of Teaching Quality in Higher Education: The Course Experience Questionnaire," *Studies in Higher Education*, 16(2), pp. 129-150.

Rhem, J. (2003) "Teaching Squares," *The National Teaching and Learning Forum*, 13(1), pp. 1-2.

Rodriguez, M. C. (2005) "Three Options Are Optimal for Multiple-Choice Items: A Meta-Analysis of 80 Years of Research," *Educational Measurement: Issues and Practice*, 24(2), pp. 3-13.

Sabagh, Z., Saroyan, A. (2014) "Professors' Perceived Barriers and Incentives for Teaching Improvement," *International Education Research*, 2(3), pp. 18-30.

Savin-Baden, M., Major, C. H. (2004) *Foundations of Problem-Based Learning*, Open University Press.

Scherr, F. C., Scherr, S. S. (1990) "Bias in Student Evaluations of Teacher Effectiveness," *Journal of Education for Business*, 65(8), pp. 356-358.

Seymour, E., Hewitt, N. M. (1997) *Talking about Leaving: Why Undergraduates Leave the Sciences*, Westview Press.

Shulman, L. (1987) "Knowledge and Teaching: Foundations of the New Reform," *Harvard Educational Review*, 57(1), pp. 1-23.

Shulman, L. S. (1986) "Those who Understand: Knowledge Growth in Teaching," *Educational Researcher*, 15(2), pp. 4-14.

Slattery, J. M., Carlson, J. F. (2005) "Preparing an Effective Syllabus: Current Best Practices," *College Teaching*, 54(4), pp. 159-164.

The Center for Excellence in Teaching and Learning, Northern Virginia Community College (2015) *Teaching Squares*.

Topping, K. (1998) "Peer Assessment between Students in Colleges and Universities," *Review of Educational Research*, 68(3), pp. 249-276.

Tripp, T., Rich, P. (2012) "Using Video to Analyze One's Own Teaching," *British Journal of Educational Technology*, 43(4), pp. 678-704

Tschannen-Moran, M., Hoy, A. W., Hoy, W. K. (1998) "Teacher Efficacy: Its Meaning and Measure," *Review of Educational Research*, 68(2), pp. 202-248.

Vygotsky, L. S. (1978) *Mind in Society: Development of Higher Psychological Processes*, Harvard University Press.

Welsch, R. G., Devlin, P. A. (2007) "Developing Preservice Teachers' Reflection: Examining the Use of Video," *Action in Teacher Education*, 28(4), pp. 53-61.

Wenger, E., McDermott, R., Snyder, W. (2002) *Cultivating Communities of Practice*, Harvard Business Review Press.

Wiggins, G. P., McTighe, J. (2005) *Understanding by Design*, Prentice Hall.

Wolcowitz, J. (1984) "The First Day of Class," in Gullette, M. M. (ed.), *The Art and Craft of Teaching*, Harvard University Press, pp. 10-24.

Wolters, C. A. (1998) "Self-Regulated Learning and College Students' Regulation of Motivation," *Journal of Educational Psychology*, 90(2), pp. 224-235.

Zubizarreta, J. (2004) *The Learning Portfolio: Reflective Practice for Improving Student Learning*, Anker Publishing Company, Inc.

執筆者 2021年3月現在

佐藤浩章
さとう・ひろあき

大阪大学 全学教育推進機構 准教授
博士(教育学)北海道大学
専門は高等教育開発。2002年に愛媛大学大学教育総合センター教育システム開発部講師となり、同大教育・学生支援機構教育企画室准教授、副室長などを経て、2013年より現職。著書に『講義法』(編著)、『大学のFD Q&A』(編著)、『実務家教員への招待』(共著)、『大学の質保証とは何か』(共著)、『大学教員のための授業方法とデザイン』(編著)、訳書に『大学教員のためのルーブリック評価入門』(監訳)などがある。
担当 編著者、1章共著、2章共著、3章共著、5章共著、12章、13章共著、14章

栗田佳代子
くりた・かよこ

東京大学 大学院教育学研究科・大学総合教育研究センター 准教授
博士(教育学)東京大学
専門は高等教育開発(ファカルティ・ディベロップメント)、ティーチング・ポートフォリオの開発・普及支援をはじめとする大学教育の質保証。2005年に独立行政法人大学評価・学位授与機構助手となり、同准教授などを経て、2013年に東京大学大学総合教育研究センター特任准教授、2015年より現職。訳書・著書に『大学における「学びの場」づくり――よりよいティーチングのための7つの原理』(翻訳)、『大学教育を変える教育業績記録』、『教師のための「なりたい教師」になれる本』(共著)などがある。
担当 編著者、1章共著、2章共著、3章共著、4章共著、5章共著、6章共著、9章共著、10章

浅岡 凜
あさおか・りん

総合研究大学院大学 教育開発センター 准教授
博士(理学)東京大学
専門は大学院教育、植物細胞生物学。東京大学大学総合教育研究センター特任研究員、聖徳大学聖徳ラーニングデザインセンター講師などを経て、2018年より現職。著書に *Plant Cell Wall Patterning and Cell Shape*(分担執筆)などがある。
担当 7章

大山牧子
おおやま・まきこ

大阪大学 全学教育推進機構 助教
博士(教育学)京都大学
専門は教育工学、大学教育学。日本学術振興会特別研究員(DC2)、大阪大学教育学習支援センター特任助教、大阪大学全学教育推進機構特任助教を経て2016年より現職。著書・論文に『大学教育における教員の省察――持続可能な教授活動改善の理論と実践』、「大学におけるグループ学習の類型化――アクティブ・ラーニング型授業のコースデザインへの示唆」(共著論文)などがある。
担当 6章共著

於保幸正
おほ・ゆきまさ

広島大学 名誉教授
理学博士 東京大学
専門は地質学。1994年に広島大学総合科学部教授となり、2015年退職。1995年から教養教育のマネジメントに関わり、教育室副室長、教養教育本部副本部長などを務める。著書に『地表の変化――風化・侵食・地形・土砂災害』(共著)などがある。
担当 13章共著

川瀬和也
かわせ・かずや

宮崎公立大学 人文学部 准教授
博士(文学)東京大学
専門は哲学。2014年に東京大学大学総合教育研究センター特任研究員となり、同年11月より徳島大学総合教育センター助教として、授業コンサルテーションなどのFD運営業務を担当。2016年、宮崎公立大学人文学部助教を経て、2020年より現職。著書に『ヘーゲルと現代思想』(共著)、論文に「ヘーゲル『大論理学』における絶対的理念と哲学の方法」などがある。
担当 4章共著、9章共著

吉田 塁
よしだ・るい

東京大学 大学院工学系研究科・大学総合教育研究センター 准教授
博士(科学)東京大学
専門はファカルティ・ディベロップメント、教育工学。東京大学教養学部特任助教、東京大学大学総合教育研究センター特任講師を経て、2020年より現職。訳書・著書に『学習評価ハンドブック――アクティブラーニングを促す50の技法』(監訳)、『教師のための「なりたい教師」になれる本』(共著)などがある。
担当 8章、11章

シリーズ 大学の教授法　6

授業改善

2021年3月30日　初版第1刷発行

編著者　佐藤浩章　栗田佳代子

発行者　小原芳明

発行所　玉川大学出版部
〒194-8610 東京都町田市玉川学園6-1-1
TEL 042-739-8935　FAX 042-739-8940
http://www.tamagawa.jp/up/
振替 00180-7-26665

デザイン　しまうまデザイン

印刷・製本　モリモト印刷株式会社

乱丁・落丁本はお取り替えいたします。

ISBN978-4-472-40536-5 C3037 / NDC377

リーディングス 日本の高等教育

【全8巻】

大学はどこへいくのか——。
わが国の高等教育領域における問題群を39に区分けし、
そのトピックごとに解題と解説を加えながら研究論文を精選。
高等教育研究に新しい視座と議論を提供する重要論文のアンソロジー。

A5判上製・平均376頁　本体 各4,500円

1
大学への進学
選抜と接続
中村高康 編

2
大学の学び
教育内容と方法
杉谷祐美子 編

3
大学生
キャンパスの生態史
橋本鉱市 編

4
大学から社会へ
人材育成と知の還元
小方直幸 編

5
大学と学問
知の共同体の変貌
阿曽沼明裕 編

6
大学と国家
制度と政策
村澤昌崇 編

7
大学のマネジメント
市場と組織
米澤彰純 編

8
大学とマネー
経済と財政
島 一則 編

表示価格は税別です。